谨以此书献给所有在中国崛起中贡献力量和智慧的人们！

跑赢美国……

全球大国之路

谢为 著

中国出版集团

世界图书出版公司

广州·上海·西安·北京

图书在版编目（CIP）数据

跑赢美国：中国的全球大国之路 / 谢为著 . — 广州：
世界图书出版广东有限公司 , 2016.10（2025.1重印）
　ISBN 978-7-5192-1981-9

　Ⅰ . ①跑… Ⅱ . ①谢… Ⅲ . ①国家战略—研究—中国
Ⅳ . ① D60

中国版本图书馆 CIP 数据核字（2016）第 256316 号

跑赢美国：中国的全球大国之路

责任编辑　张梦婕

出版发行　世界图书出版广东有限公司

地　　址　广州市新港西路大江冲 25 号

http:// www.gdst.com.cn

印　　刷　悦读天下（山东）印务有限公司

规　　格　710mm×1000mm　1/16

印　　张　10.25

字　　数　171 千

版　　次　2016 年 10 月第 1 版　2025 年 1 月第 3 次印刷

ISBN　978-7-5192-1981-9/D · 0150

定　　价　68.00 元

自　序
商业驱动与丛林法则

十年前，佛里德曼所撰写的《世界是平的》是中国最热门的畅销书之一，佛里德曼不仅描述了商业驱动的巨大力量，也勾画了全球一体化的美好未来。十年后，商业驱动的力量愈加强大，但全球一体化的未来却并未更加美好，丛林法则依旧在全球事务中发挥着最重要的作用。或许，生存在这个世界，我们除了尊重商业驱动的力量之外，也必须面对丛林法则的残酷。作为序言，本文想论述的便是商业驱动和丛林法则这两个似乎不相关，却又是当今世界最真实的两个主题。

商业驱动是改变我们社会最强大、最持久也最细腻的力量。过去的十年是令人难忘的十年。2006 年，PC 机依然是时代的主流，拥有一台酷炫的笔记本电脑是许多年轻人的愿望，联想收购 IBM 个人电脑业务是轰动一时的大事件。然而，仅仅两三年之后，移动手机就慢慢地取代了 PC 机的功能，拥有一部苹果手机又成了许多年轻人的愿望，"乔帮主"乔布斯的名声盖过乔峰，开始为大部分中国人所熟知。再后来，智能手表、VR 眼镜等不断涌现。载体的改变只是一个方面，微信和 facebook 改变了我们的社交，淘宝和亚马逊改变了我们的购物习惯，支付宝和微信支付改变了我们的支付方式，大众点评为民众提供了生活信息资源的共享平台，百度外卖和美团外卖能够让我们在家里享受美食，而这一切都让我们的生活更加便利，为我们节约了更多的时间，让我们从许多繁杂琐事中解放出来，商业驱动裹挟着技术创新的力量越加猛烈的改变着我们生活的这个社会。

商业驱动的力量是不可替代的，因为商业驱动背后的力量是人性。人类的本性希望能够以最少的付出在这个世界上最好地活着。所以，"生存"、"自私"和"好逸恶劳"是人类的天性，而商业的力量恰恰能够满足人类的后两个天性。"自私"

的力量让生产者绞尽脑汁地去满足消费者的各种需求，以便在市场竞争中争得一席之位，而"好逸恶劳"则能够让消费者在琳琅满目的商品中迅速挑选出最物美价廉的商品。商业的运行根植于人类的天性，商业驱动事实上是人性驱动。当然，商业驱动的力量得以在最近几百年间迅速崛起，得益于大部分情况下人类的"生存"能够得到保证。"生存"是人类的第一天性，在过去的几万年中，人类的"生存"一直是个大问题，人类不断面临着来自自然界和同类的生存威胁。而最近几百年，尤其是二战之后，人类的"生存"问题已经基本解决。在自然界，人类几乎没有了对手，除了病毒、地震、龙卷风这些巨大灾难依然让人类惧怅外，人类已经能够很好地生存在这个世界上。而在人类社会，不发生大规模战争和不进行人道毁灭的观点基本上已经为大部分人所接受，人类第一次如此安全地生活在这个世界上。满足了"生存"这一天性之后，"自私"和"好逸恶劳"这两个天性便有了成长的空间。换言之，越稳定的国际和国内秩序，越健全的社会法律制度，越有利于商业驱动作用的发挥。

丛林法则是我们无法忽视的另一面。中国所处的世界依然是一个"弱肉强食"的世界，所谓的"正义"、"公平"只能在一定的范围内存在，在国际政治中，依然是实力主宰一切。中国所面对的这个世界，并不比一百年前的世界好多少，甚至更加复杂。例如，举国关注的南海仲裁案，便是一些国家通过所谓的"法律手段"对中国的压制。国内对于南海仲裁案的讨伐在近期此起彼伏，从诸多学者的解读中，我们能够发现，荒谬的南海仲裁案不过是一些国家借机在南海滋生事端的"羊皮"而已。果然，2016年7月25日，美日澳就发表了涉及南海问题的声明，明摆着他们就是要干涉南海问题。所以，中国唯有认清丛林法则这一现实，抛弃不切实际的憧憬，保持"枕戈待旦"的警惕，才能在国际竞争中保持着主动。

丛林法则会在国际政治领域持续多长时间难以预测，或许会和人类社会共始终。中国认清了丛林法则长期存在这一现实，发展军事力量、做好必要的战争准备便是题中之意。这也正是本书一再强调中国应当重视对海权的掌控、不断发展海军和新兴军种的原因。

未来充满了不确定性，往往令人迷惘。但中国只要认清商业驱动和丛林法则这两个基本现实，内部不断培育和发展商业力量，外部不断强化军事实力和争取战略空间，那么中国的全球大国之路将更有希望，更值得期待。

是为序！

谢 为

2016年8月1日于广州

目　录

导　言

本书试图打破论述中国崛起的固有章法，期望通过理性的思考、学术性的分析、平实的语言重新解构中国的全球大国之路，从大历史的角度还原中国作为全球大国的应有之义。本书认为中国的崛起应当紧紧围绕经济贸易这一基础，同时重点抓好海洋精神的培养以及军事实力的建设。中国与美国的竞争将是中国崛起之路上的主旋律，中国只有处理好和美国的竞争关系，中国才能作为一个全球大国完成真正的崛起。

一、中美竞争不可避免

事实上，中国和美国的竞争已经不可避免地开始了。现在所热议的人权问题、南海问题、经贸问题、非洲问题、亚投行问题、国际货币基金组织问题等，是中国崛起开始的一个先兆，也是中美全面竞争的开始。以中美双方的实力以及发展趋势来评估，中美的碰撞极有可能延续上百年，甚至几百年之久。

世界局势发展到今天，以美国为单极的世界格局正遭受越来越多后起国家的挑战，而中国的挑战无疑是所有挑战中最有力的。美国是一个前所未有的全球大国，中国是一个潜力无限的地区大国，这两个国家在狭小的地球上将会面临一场直接的碰撞。中美的这场竞争持续时间多长、结果如何、竞争将到达何种程度是无法预料的。在经济贸易和军事实力这两个方面，我们这一代人或许将见证中美绵宕百年的持续竞争。

二、对外贸易日益重要

对于中国而言，对外贸易从未如此重要。作为世界第一大进出口贸易大国，对外贸易对中国经济发展贡献颇大，是中国成为全球大国的重要引擎之一。《中国的对外贸易白皮书》披露的内容显示，中国的对外贸易发展有力推动了中国的现代化建设，加快了中国的工业化和城镇化进程，直接带动就业人口超过 8 000 万，其中 60% 以上来自农村，就业者的收入和生活得到显著改善。对外贸易与国内投资、消费一起，成为中国经济增长的三大引擎。

自 2001 年中国加入世贸组织后，中国的国家财富和私人财富快速增长。以福布斯中国富豪榜为例，福布斯中国富豪榜 2001 年的首富是新希望的刘永行兄弟，资产为 83 亿人民币，福布斯中国富豪榜 2015 年的首富是万达集团的王健林，总资产达到 242 亿美元，折合人民币 1 500 余亿。在短短的十四年时间，首富的资产增长了接近 20 倍。2001 年的首富刘永行、刘永好家族的财富也已经增长到了 600 多亿，增长了将近 7 倍。除此之外，中国的高净值人群也已经十分庞大。2015 年 5 月 26 日，招商银行和贝恩公司联合发布了《2015 中国私人财富报告》，报告认为 2014 年末中国（大陆）个人可投资资产 1000 万人民币以上的高净值人群规模已超过 100 万人。其中，广东的高净值人数达到 13 万人，北京高净值人群数量超过 5 万人。

三、保护对外贸易刻不容缓

中国开始强调建设制造强国，为此，国务院公布了《中国制造 2025》[①]。但制造业的强大不能保证中国对外贸易能够持久繁荣。持久繁荣的对外贸易的保障是外贸安全。没有安全的对外贸易，就不会有持久繁荣的对外贸易。加入 WTO 不到十五年的时间，国际形势已经发生了深刻的变化，中国从一个边缘化、屡屡被唱衰的国家，变成了举足轻重的地区大国。美国对中国的敌意越来越大，"重返亚太"进而遏制中国的崛起成为美国目前最迫切的外交目标。鉴于美国所具备的强大海军实力，美

---

① 《中国制造 2025》是中国版的"工业 4.0"规划。由国务院于 2015 年 5 月 8 日公布。规划提出了中国制造强国建设三个十年的"三步走"战略，力争通过"三步走"实现制造强国的战略目标。第一步：力争用十年时间，迈入制造强国行列。到 2020 年，基本实现工业化，制造业大国地位进一步巩固，制造业信息化水平大幅提升。到 2025 年，制造业整体素质大幅提升，创新能力显著增强，全员劳动生产率明显提高，两化（工业化和信息化）融合迈上新台阶。第二步：到 2035 年，我国制造业整体达到世界制造强国阵营中等水平。第三步：新中国成立一百年时，制造业大国地位更加巩固，综合实力进入世界制造强国前列。根据互联网资料整理。

国对全球的大部分海域具有较强的掌控能力，在极端情况发生时，美国完全具有掐断中国对外贸易的能力。如果中国失去了对外贸易，那么中国经济的持续发展将成为空想。所以，中国面临着严重的外贸安全问题，中国建立与国力相称的军事实力（尤其是海军实力）并进而完成对重要海域的控制刻不容缓。

有专家认为，美国会顾及中国的核力量，从而不敢掐断中国的对外贸易命脉。但是在乌克兰危机之中，美国对俄罗斯的经济制裁差不多掐断了俄罗斯的对外贸易，俄罗斯却没有实施核遏制，因为核力量不到万不得已不会使用。核力量可以用来保证不被亡国灭种，但却不能用来保障国家的强大兴盛，核武器是"最后的武器"。乌克兰危机中，美国基于其在全球的强大的经济政治力量和军事实力，轻易地制裁了俄罗斯，对俄罗斯国力损害很大。如果这种制裁持续下去，俄罗斯的发展可能会因此滞后十年甚至是二十年。中国不能重蹈俄罗斯的覆辙，中国的强大兴盛依然需要常规军事力量的保护。

四、提升军事实力正当时

对外贸易的重要性，间接凸显了中国通过提升军力、建设强大海军以保护外贸安全的重要性。毛主席说"革命的首要任务是区分谁是我们的敌人，谁是我们的朋友"。中国若想保护对外贸易，就需要思考中国保护对外贸易的主要针对对象。答案不言白明——美国。美国是一个强大的国家，但中美已经狭路相逢，不排除中美两国人民世代友好相处的可能性，但国际政治向来的原则只有一条——实力说话。政治实力、经济实力、外交实力、军事实力也好，硬实力、软实力也好，总之，没有实力，一切都是白搭。中国的总体经济实力已经位居世界第二，并且极有可能在十年之内超越美国①。中国提升军事实力的迫切感比以往任何时候都更强烈，因为美国对中国的钳制已经全面铺开。根据美国《商业内幕》网站公布的名为《世界最强大的35支军队排行榜》的报告，中国的军事实力排名在美国和俄罗斯之后，中国的军事实力与俄罗斯的军事实力相比有一定的差距，与美国的差距就更加大了。中国目前所具备的军事实力显然与中国的经济实力不相符。

---

① 排名世界前十的军事大国依次为美国、俄罗斯、中国、印度、英国、法国、德国、土耳其、韩国和日本。根据互联网资料整理。

五、"心急吃不了热豆腐"

面对着美国这个强大的对手，中国与其竞争需要有更多的谋划、耐心和毅力。美国不同于以往任何的全球大国，例如西班牙、英国、荷兰，美国是最健康的全球大国。美国经济技术发达、军事实力强大、幅员辽阔、人口众多，并且还独占一片大陆，地理位置优越，进可攻，退可守。和这样的国家竞争必定是"心急吃不了热豆腐"，如果在长久的竞争过程中有冒进的想法，很可能就会被美国抓住软肋。中国需要"小火慢炖"，和美国的竞争过程可能需要五十年、一百年，甚至是两百年的过程，需要一代又一代中国人的努力，或许正如习总书记所说，"功成不必在我"。但是"飘风不终朝、骤雨不终日"，美国不可能永远独占全球大国的地位，中国的竞争之路依然充满希望。

最后，需要厘清"全球大国"这个概念。全球大国并不是一个绝对的概念，而是一个相对的概念，并不是说这个国家在全球所有地区所有时候都能够形成力量优势，这个概念只是就各方面综合实力而言，它在全世界是最强大的，在全世界是最有影响力的，而这种力量和影响力在有些地区可能就不是最大的。全球大国经常会遇到各种各样的挑战者，西班牙、荷兰、英国等都曾经遇见过。有的挑战者成功了，但是大部分的挑战者都失败了。以英国为例，英国曾经遭遇了一系列的挑战者，法国、德国、俄国、日本、美国等，前面四个国家都没有成功，或者只是在局部地区成功了，只有美国最后取代英国成为了新的全球大国。

第一章 历史的选择

第一节 第一个全球大国——西班牙

今天的世界已经远离了冷战时代，意识形态的竞争不再占据国际政治的主导地位，但国家的崛起仍将面临既得利益国家的排挤、打压乃至战争消灭。回顾五百年来的世界历史，这条定律颠扑不破，因为"一山难容二虎"。但随着全球文明程度的不断提升，既得利益国家的抑制手段越来越多样化，不仅诉诸武力，还采取政治、经济、文化、外交等多种手段进行遏制。地区性大国的崛起，最主要的竞争对手是地区性的既得利益国家。全球大国的崛起，最主要的竞争对手是全球性的既得利益国家。中国国力和影响力决定中国将会以全球大国的身份崛起，因而中国的主要竞争对手将是全球性的既得利益国家。从各国的国力和影响力观察，可能成为中国主要竞争对手的是美国、德国、俄罗斯、日本和印度。

一、幸运的西班牙

确定中国的主要竞争对手前，先回顾五百年来大国崛起的争斗史。第一个全球大国是西班牙[①]。西班牙目前是欧盟成员国之一，属于欧洲传统发达国家，拥有市场经济，是欧元区第四大经济体，国内生产总值（GDP）居欧洲国家第 6 名，世界排名第 13。哥伦布发现西印度群岛后，西班牙逐渐成为海上强国，此后，西班牙殖民

---

① 西班牙地处欧洲与非洲的交界，西邻葡萄牙，北濒比斯开湾，东北部与法国及安道尔接壤，南与非洲的摩洛哥相望，总面积 505 925 平方千米。西班牙至 15 世纪始建立单一国家，于 15 世纪中期—16世纪末期时成为影响世界的帝国。根据互联网资料整理。

者开始了对拉丁美洲的征服和占领，将疆土扩展到大西洋的彼岸和菲律宾。

当西班牙在全世界攫取殖民地的时候，西班牙人一定不会想到，西班牙会成为第一个全球大国①。伴随着地理大发现带来的机遇，西班牙的势力迅速从欧洲扩张到美洲、亚洲，在全球建立了一个又一个的殖民地。这种"迷人"的景象，一半源自于西班牙的实力和先发优势，另一方面则来自运气。西班牙对于美洲的入侵没有遇上强有力的抵抗。美洲的隔离和偏居一隅使得这片大陆上的民族普遍落后而原始，在面对西班牙的坚船利炮和狡诈多端时束手无策。

二、西班牙的"辉煌"

非常著名的一系列战事发生在西班牙和拉丁美洲的阿兹特克王国之间。1519 年11 月 8 日，西班牙冒险家科尔特斯进入了阿兹特克首都特诺奇蒂特兰。进城后，借口西班牙人被阿兹特克人所杀而俘虏了国王蒙特苏马二世，并在他的王宫内的地下室中大量掠夺财宝。1520 年的一次阿兹特克人的宗教活动中，西班牙人大肆杀害了阿兹特克人，遭到了阿兹特克人的群起反抗，他们将西班牙人的驻地团团围住。1520 年 6 月 30 日夜，科尔特斯组织突围，狼狈逃出特诺奇蒂特兰城，损失过半。1521 年 4 月 18 日，科尔特斯再次围攻特诺奇蒂特兰，阿兹特克人在新首领库奥特莫克的领导下进行了英勇的抵抗。1521 年 8 月，西班牙殖民者攻入特诺奇蒂特兰城内，大肆破坏，烧杀抢掠，这座印第安的著名城市遭到了毁灭性的破坏。不足千人的西班牙人对抗了阿兹特克数十万的军队，奇迹般地取得了胜利。之后，这种奇迹在美洲、亚洲、非洲一再上演，西班牙进行了血腥的殖民。通过贩卖奴隶、攫取白银和其他奇珍异宝，西班牙迅速发展壮大，实力不断增强。

据统计，1545—1560 年，西班牙海军从海外运回的黄金达 5 500 千克，白银达24.6 万千克。到 16 世纪末，世界贵重金属开采中的 83% 为西班牙所得。西班牙的殖民地则包括现在的中国澳门、东帝汶、印度尼西亚、菲律宾、莫桑比克、苏丹、阿曼、巴西、墨西哥、中美洲、西印度群岛、秘鲁、智利、阿根廷、乌拉圭、巴拉圭、

---

① 西班牙帝国是世界上第一批真正意义上的全球帝国和殖民帝国之一，被认为是第一个日不落帝国。16 世纪中，西班牙是欧洲环球探险和殖民扩张的先驱，并在各大海洋开拓贸易路线，路线从西班牙横跨大西洋到美洲，从墨西哥横跨太平洋，经菲律宾到东亚。西班牙征服者摧毁了阿兹特克、印加帝国和玛雅文明，并对美洲大片领土宣称主权。在 19 世纪初期，西属美洲陆续爆发了独立运动，西班牙因此丢失了在美洲大陆的殖民地。1898 年西班牙在美西战争中的失利，更使其丢失了加勒比海上的古巴和波多黎各等地，并最终结束了在美洲的殖民统治。根据互联网资料整理。

玻利维亚等。这种景象持续了一百年之久，西班牙逐渐被西欧的其他大国所赶超。掠夺金银财宝，使西班牙很快成为欧洲最富有的海上帝国，但西班牙王室却将掠夺来的财富用于消费国外奢侈品，而非发展工业，使得西班牙日渐衰落。

三、西班牙的劣势

作为第一个全球大国，西班牙先天发育不足，统治阶层缺乏远见，重农甚于重商，对迅速成长为全球大国无思想准备，缺乏长远的规划。国家战略不清晰在帝国快速发展之时并无大碍，但随着时间的流逝，缺乏国家战略导致西班牙将许多的财富浪费在不必要的行为上。另外，西班牙的经济落后，缺乏成熟的手工业体系，国内产品的生产能力落后。成为全球大国后，西班牙孜孜以求的是不断地从全球各地攫取财富，然后带回国内消费。源源不断流入的财富没有用于发展生产和增强军力，反而被无限制地消费，推高了国内的物价。大量的需求刺激了其他国家生产力的发展，西班牙作为全球大国所攫取的财富，仅在国内停留了一段时间，就流入其他国家的口袋。

四、格瑞福兰海战

西班牙衰落的标志性事件终于意外发生。1588 年，西班牙和英国发生了规模空前的格瑞福兰海战，在海战中，西班牙船舰被法兰西斯·德雷克所领导的英国海军用 8 艘火船击沉。无敌舰队有 150 艘以上的大战舰，被英军击败时本想南退，却因刮起强大的南风而不可行，庞大的舰队只好随风北上，最后绕过大不列颠岛及爱尔兰岛西岸回国时仅存 43 艘，由于损失百艘以上的大战舰及超过 14 000 名士兵，国势鼎盛的西班牙停滞不前。从此，西班牙渐渐失去了最重要的制海权，空有其表的西班牙走向没落。格瑞福兰海战之后，西班牙在全球的殖民地依然丰富（包括美洲、亚洲的印尼群岛等，1898 年，被西班牙统治三百多年的菲律宾才被美国掠夺）。但从 16 世纪开始，西班牙与殖民地的交通便遭到了其他强国的严重威胁。西班牙运送黄金、白银以及其他贵重物品的船，数次被荷兰海军、英国海军掠夺，损失重大。海战之后，西班牙已经是一个不堪一击的巨人，徒有其表却虚弱无力。

第二节　第二个全球大国——荷兰

取代西班牙成为第二个全球大国的，不是在 1588 年打败西班牙的英国，而是荷兰[①]。英国正处于王权和议会争论不休的阶段，圈地运动发展得如火如荼，尚没有充分的准备参与全球大国的争夺。没有了英国的竞争，地少人稠、极富商业精神和进取精神的荷兰快速地抢占了全球大国的地位。

一、开明的荷兰

君主立宪制的荷兰有开明的政体、强大的全球商船运输队以及战斗力强大的海军。17 世纪中叶，荷兰联的全球商业霸权已经牢固地建立起来，荷兰东印度公司拥有 15 000 个分支机构，贸易额占到全世界总贸易额的一半。全世界共有 2 万余艘商船，荷兰有 1.5 万艘，比英、法、德诸国船只的总数还多。这段时期在荷兰被称为"黄金年代"。凭借对全球海运的掌控，荷兰商人成为了强大的贸易商，控制着西半球和东半球的商路。商业的积累，为荷兰海军的发展提供了良好的条件。荷兰海军先后打败了西班牙、法国，并在全世界各地占据了大量的殖民地，包括中国台湾。

二、荷兰的劣势

荷兰的强盛未维持多久，两个重大缺陷使荷兰难以在全球大国的路上走得更远。虽然极富商业精神和进取精神，但成为全球大国需要的不止这些。荷兰的第一个缺陷是过度的商业精神使得荷兰人过于自私，精于算计，缺乏团结一致共同对敌的决心，导致缺乏政治决心，进而带来政治上和外交上的短视。

荷兰的第二个劣势是地少人稠。荷兰的国土面积不到 5 万平方千米，除了拥有众多的出海口和交叉的河流之外，没有更多的自然优势值得称道。地少人稠的荷兰成为全球大国本身是一个奇迹。如果荷兰人没有强烈的进取心和商业精神，没有历史赐予的机遇，荷兰是不可能称霸全球的。荷兰繁荣时在全世界拥有许多的殖民地，

[①]　荷兰，位于欧洲西偏北部，是世界有名的"低地之国"，国土总面积 41 864 平方千米，2013 年人口数量 16 803 700，荷兰首都设在阿姆斯特丹，但中央政府、国王居住办公地、所有的政府机关与外国使馆、最高法院和许多组织都在海牙。根据互联网资料整理。

还占据了中国台湾。1662 年初，经过九个月的激战，郑成功以其杰出的军事才能，带领手下将领战胜了如日中天的荷兰人，收复了台湾。和西班牙一样，荷兰很快失去了全球大国的地位，但在全球的影响力依然巨大。只是一系列的对外战争严重地削弱了荷兰，17 世纪后期，荷兰先后与英国、法国交战。在海上，荷兰败于英国（英荷战争）；在陆地上，荷兰败于法国（法荷战争），从此衰落下来。

三、退位让贤

实力弱小的荷兰无法长期担当全球大国的角色，一旦强有力的竞争对手出现，荷兰只能选择"退位让贤"。强有力的竞争对手很快出现了，就是经历了近五十年的内部动荡、开始形成稳定的政治秩序的英国。17 世纪中后期，英国三次挑起对荷兰的战争，并最终获胜。尽管荷兰在军事上没有完全失败，但荷兰海上实力大为削弱，并最终在 1718 年主动放弃海上军事地位，沦为欧洲二流国家，而英国成为了新的海上霸主。

这一连串的历史事件说明，随着越来越多的国家参与全球大国的竞争，成为全球大国需要的门槛越来越高，对候选国家的各方面要求都不断提升。在某方面（例如人口太少、国土面积太小、经济实力不够强大等等）存在重大不足的国家已难成为真正意义上的全球大国。这种状况的出现，是因为全球大国建立在各种竞争之上，是真刀真枪的比拼，水分会在竞争中一点点挤出，只有真正强大的国家，才能在竞争中脱颖而出，并成长为全球大国。显然，英国完全具备成为全球大国的潜质。事实上，英国从 17 世纪末到 19 世纪末一直稳稳地占据全球大国的位置，这是一件不可思议的事情。

第三节　第三个全球大国——英国

第三个全球大国是英国。对外贸易和航运传统为英国海军的发展提供了良好的条件，英国皇室也大力支持海军的发展。1588 年，英国海军就打败了西班牙的"无敌舰队"，英国获取全球大国地位指日可待。

一、英国的优势

英国① 作为全球大国的优势主要集中表现在三个方面。首先是政治方面。从1640 年到1688 年，经过近五十年的政治斗争，议会战胜王权赢得了胜利，英国从此确立了君主立宪制，英国国内政局趋于稳定，政治制度也趋向开明，政治思想上确立了经验主义的传统。从此，英国国内的政治动荡相对较少，更好地凝聚了国内各方力量，为英国的对外扩张打下坚实的基础。一般而言，拥有稳定的政局和稳固的政治制度的国家，才能在对外扩张中拥有强大的毅力和长久的韧劲。

其次是经济方面。英国国内的"圈地运动"已经完成，资本主义的生产方式的改革基本完成。英国的资产阶级急需向全球倾销商品和攫取原料，正如郑永年在《TPP、资本帝国和世界政治的未来》一文中所论及的，资本主义向全球扩张的第一阶段是为了更多地倾销商品，抢占全球市场。英国最先完成资本主义的生产方式的变革，因而就有了持续对外扩张的动力。商业贸易的需求促进了对外扩张，对外扩张的推进挣取了许多财富，这些财富成了对外扩张的不竭动力。

最后是军事方面。对外扩张的开始，意味着国家进入了世界丛林，与全球的虎狼们争夺全球大国的地位，这样的竞争是全位的，军事实力的比拼则始终是关键，在战场上失败的国家不可能成为全球大国。只有军事上赢得相对的优势，一个国家才可能成为全球大国。英国具备海洋国家的各种要素，孤悬海外的地理环境使得英国更加重视海军的发展。美国海权学家马汉在《海权论》中这样评价英国海军所具有的强大海权，"制海权所带来的那种无声无息、持久稳定而又令人筋疲力尽的压力，能够切断敌方的资源而维持好己方的各种资源，能在海军不用到场或者只是出于幕后的情况下为战争提供支援，并且会极为偶尔地进行大多数人都没有注意到的公开打击等方面的特点。英国那种势不可挡的制海权，就是欧洲这一时期历史上的一个决定性因素"。

① 英国，全称大不列颠及北爱尔兰联合王国，英国是由大不列颠岛上的英格兰、苏格兰和威尔士，以及爱尔兰岛东北部的北爱尔兰以及一系列附属岛屿共同组成的一个西欧岛国。除了英国本土之外，还包括十四个海外领地。人口超过6 400 万，以英格兰人为主体民族。1688 年的光荣革命确立英国君主立宪政体，英国是世界上第一个工业化国家，首先完成工业革命，国力壮大。18 世纪—20 世纪初期英国统治的领土跨越全球，是当时世界上最强大的国家。根据互联网资料整理。

二、"日不落帝国"

英国别称"日不落帝国"，最辉煌的时期是 18 世纪和 19 世纪前 70 年，英国在全世界各地都有殖民地，现在的英联邦还有 54 个国家和地区。我们耳熟能详的一些国家，例如美国，加拿大，澳大利亚、新西兰、南非曾经都是英国的殖民地，还有鼎鼎大名的印度，印度被英国人统治了两百余年。英国在 1840 年首次侵略中国，通过鸦片战争打开中国的大门，中国被迫开始了全球化和近代化进程。随着英国全球大国地位的确立，英国的海军在全球海洋游弋，英国的商船将商品运输到世界各地销售，获取财富，这些财富又哺乳了英国海军。当时的英国是后发国家追赶的对象，这些国家包括美国、法国、德国，他们在经历了各自国内的动荡之后，开始发展生产力、扩张军力、向全球殖民。如果竞争对手只是一个国家，英国还有能力阻止，但当竞争对手接二连三地出现时，英国的全球大国地位已经岌岌可危。多年的全球大国使英国国内的政治政策和对外政策因循守旧，英国无力应对众多挑战者的局面，英国失去全球大国指日可待。

三、英国的衰落

全球大国的衰落不是某次事件引发，而是一系列事件所导致的。首先，虽然英国国力不断增长，但美德的国力增长更快。德国通过普鲁士战争完成了国家的统一，能集中更多的力量进行国内建设和国际扩张。美国通过西进运动和大规模吸纳移民，重视技术革新，国力突飞猛进，GDP 在 1900 年已经超过英国。其次，英国通过对欧洲大陆采用"平衡战略"，使欧洲大陆的德法俄等互相牵制，渔翁得利。但美国不属于欧洲大陆，英国无法对美国使用"平衡战略"获取战略优势。第三，美德法日通过积极的军备扩张在短期内发展了军力，各国都非常重视海军的建设，而海军正是英国成为全球大国的关键所在。

各国海军不断发展，英国对全球海域的控制力不断下降，英国在全球所具有的贸易优势也逐渐丧失，贸易优势的丧失使得英国无力维系其在全球的军事存在，使得英国所控制的殖民地不断独立，例如美国、南非、加拿大等，这些殖民地的独立又削弱了英国实力。

20 世纪初列强海军吨位表

1900 年海军吨位	1910 年海军吨位	1912 年海军吨位	1914 年海军吨位
英国 106.5 万吨	英国 217.4 万吨	英国 234.7 万吨	英国 271.4 万吨
法国 49.9 万吨	德国 96.4 万吨	德国 115.0 万吨	德国 130.5 万吨
沙俄 38.3 万吨	美国 82.4 万吨	美国 100.9 万吨	美国 98.5 万吨
美国 33.3 万吨	法国 72.5 万吨	法国 94.2 万吨	法国 90.0 万吨
德国 28.5 万吨	沙俄 40.1 万吨	日本 67.9 万吨	沙俄 67.9 万吨
意大利 24.5 万吨	意大利 32.7 万吨	沙俄 58.9 万吨	意大利 49.8 万吨
日本 13.0 万吨		意大利 40.1 万吨	

（根据互联网资料整理）

英国的最后衰落与战争有关。19 世纪末的英国殖民地遍及世界各个角落，面积达本国领土的 100 多倍，成为地球上实力最强大的"日不落帝国"。为建立这个帝国，英国在近 400 年时间里发动了 230 多场战争。布尔战争和两次世界大战使英国的实力被大大削弱。1899 年 10 月 11 日，第二次布尔战争①爆发。德兰士瓦共和国总统克鲁格要求英军撤离德兰士瓦边境的最后通牒遭到英国政府拒绝。1899 年秋，英国军队开始在德兰士瓦与奥兰治边境集结，为防止英国入侵，布尔人于 1899 年 10 月 11 日对英宣战，布尔民军由此向南部非洲英军主动发起攻击。为征服仅有数十万人口的布尔人，战争持续了三年多，英国先后投入 40 多万兵力，共阵亡 22 000 余人。最终英国在战争带来的巨大损失与国际舆论压力下，与布尔人签订合约，战争结束。

四、英国衰落的启示

全球大国由政治、经济贸易、金融、军事四方面构成。英国最早失去经济贸易全球大国的地位，第一次世界大战前英国就不再是经济贸易上的世界第一大国。英国失去军事上的全球大国的时间是第一次世界大战后，布尔战争和第一次世界大战使英国的军事力量遭受巨大损失。在 1945 年确立布雷顿森林体系之时，英国最后失

---

① 在第二次布尔战争中，英国先后动员了 45 万军队（英国官方统计数字为 448 435 人），其中 25.6 万为英国正规军，10.9 万为英国志愿军，布尔人参加战斗的前后共计 8.8 万人（南非官方统计数字为 87 365 人），其中德兰士瓦人 4.3 万，奥兰治人 3 万。第二次英布战争也标志着英国的海外扩张史的终结。英国政治家发觉由于近代化战争代价高昂，同时保卫大英帝国海外领地和英国本土的做法，在经济上和战略上都是不可行的。因此英国不应当再保持孤立政策。布尔战争结束之后，英国便开始了全球范围内的战略收缩，将部分海外势力范围转托给加、澳、新等白人自治领，英国本身的战略重点则转回欧洲。根据互联网资料整理。

去了金融的全球大国。缺乏经济贸易、金融、军事的支撑，英国政治上的全球大国地位也烟消云散。英国衰落的第一个启示是：全球大国易位的过程是持续的，由经济开始，到金融为止。出现先后顺序的原因可能是，金融、法律等现代服务业具有一定的黏性，全球大国在政治、经济、军事上的衰落并不一定会导致金融、法律优势的立即衰落，金融、法律等现代服务业的转移需要更长的过程。

英国衰落的第二个启示是：战争对国家的伤害是空前，缺乏必要性的战争对国力的伤害更大，"穷兵黩武"不可行。一直以来，英国是否有必要进行布尔战争都是有争议的。另外，英国放弃海军优势，一改不涉足欧洲大陆争端的习惯参与惨烈的第一次世界大战，也未必是明智的。参战国在参战之前是非理性的，易高估己方实力、低估敌方实力，低估战争中的损失和持续时间。处于优势地位的大国更容易犯这类错误，介入缺乏必要的战争，例如美国介入越南战争，苏联介入阿富汗战争。中国邦交传统讲究"求同存异"，战争上推崇"不战而屈人之兵"，显得更有智慧和远见。

英国衰落的第三个启示是：国家活力犹如个人活力，难以持续。英国的政治活力、经济活力在 19 世纪开始衰退，在政治上、经济上、军事上的创举越来越少，英国在全球大国的后期显得像亦步亦趋的老人，"路径依赖"使得英国越加保守，更加固守成规，直到被新的追赶者所超越。

第四节　第四个全球大国——美国

取代英国全球大国地位的，正是英国的前殖民地美国。美国[①]1776 年才正式建国，建国 100 年就成为经济上的全球第一大国。两次世界大战加速了美国成为全球大国的进程，第二次世界大战结束时美国已成为当之无愧的全球大国。相对于英国当年的全球大国地位，今天的美国不如当时的英国，但美国在全球的影响力依然不容小视，目前尚无任何国家能够撼动美国的全球大国地位。

---

① 美国，是由华盛顿哥伦比亚特区、50 个州、波多黎各自由邦和关岛等众多海外领土组成的联邦共和立宪制国家。美国总面积为 963 万平方千米，人口 3.1 亿，通用英语，是一个移民国家。美国是高度发达的资本主义超级大国，其政治、经济、军事、文化、创新等实力领衔全球。根据互联网资料整理。

一、"健全的全球大国"

同英国相比，美国是一个更加"健全的全球大国"。全球大国的构成需要三个条件：

第一是国家本身的实力，包括人口、疆域、地理位置、气候条件、地理环境、自然资源、经济实力、科技水平、政治制度、种族构成、文化水平、社会风气等。如果国家人口不到百万，其他各方面条件优越，也难成为全球大国。因为全球各个国家人口的身体素质、文化素质等愈加趋同，百万人口的国家难以和数亿人口的国家竞争，人口数量过少会使国内消费市场狭小、经济总量小、军事人员征召困难，经济实力和军事实力不够强大。

第二是运用实力的水平，主要包括国家决心和国家战略。国家决心主要是指一个国家通过坚持某些原则和愿景，并确信自己一定可以完成某类事情的信念。例如，成为全球大国就是一种强烈的信念。国家战略则包括国家的政治战略、外交战略、外交战略。"凡事预则立、不预则废"讲的正是战略的重要性。国家行为与个体行为不同，国家某些行为的实施可能长达十年甚至数十年，能够影响国家数十年甚至上百年的发展。国家的各类战略对于国家的发展十分重要，在制定重大战略的时候应当三思而后行。例如外交战略，有远见的外交战略可以减少国家发展的阻力。通过洞悉国与国之间的利益纠葛和力量发展，根据国家决心和实力制定符合现实的外交战略，可以减少不必要的冲突，集中力量做更重要的事。战国时期的秦国推行了"远交近攻"的外交战略，能暂时安抚距离较远的诸侯国，集中主要精力消灭周边的诸侯国。

第三是机遇，例如两次世界大战带给美国的机遇，"全球大发现"给予西班牙的机遇，机遇是不期而至的，有充分准备、有良好国家战略、有充足国家决心的国家，更容易把握机遇。

二、美国的优势

与英国相比，美国的第一个优势是地理环境。美国几乎独处一块大陆，邻国实力弱小，对美国不构成威胁。自1812年和英国发生战争以后，美国本土没有被侵略过。优越的地理条件为美国"一心一意搞发展"提供了将近200年的和平环境。孤悬海外在一段时期曾助长了美国的孤立情绪，但随着美国对全球事务参与度的不断提高，美国孤立主义倾向越来越弱，门罗主义[①]的倾向越来越强。英国虽偏居一隅，但和西欧大陆仅相隔 50 海里[②]，极易受到西欧大陆强国的威胁，例如德法，应该和德法都发生过旷日持久的战争，甚至俄罗斯的战机也能飞到英国领空示威[③]。英国从 14 世纪开始不断陷入与欧洲大陆国家的战争（开始是法国，后来是德国），英国繁荣时期，战争所带来的损失似乎可以忽视，一旦英国走下全球大国的宝座，战争所带来的损失就显得巨大。英国深深地卷入了第一次和第二次世界大战，并最终因为战争的损耗，痛失军事上和金融上的全球大国地位。

美国的第二个优势是美国的国力更甚一筹。幅员方面，英国的国土面积为 24.29 万平方千米，人口为 6 400 万，美国的国土面积为 963 万平方千米，人口为 3.1 亿；经济实力上，美国的经济实力更强大，产业结构更合理，在全球的领先地位更突出。不同的是，现在全球的强国更多，全球多极化的趋势也更明显，对美国的全球大国地位形成了一定的制约。

美国的第三个优势是美国具有较大的制度优势。制度的基础是文化，制度的优势也从侧面说明了文化的优势。英国人似乎是保守的美国人，美国人似乎是开放的英国人。英国人的典型形象是，拿着雨伞穿戴整齐的英国绅士，彬彬有礼却因循守旧。美国人的典型形象是，骑着骏马奔驰的西部牛仔，冒冒失失却勇于进取，不拘

---

① 门罗主义（Monroe Doctrine）发表于 1823 年，表明美利坚合众国当时的观点，即欧洲列强不应再殖民美洲，或涉足美国与墨西哥等美洲国家之主权相关事务。而对于欧洲各国之间的争端，或各国与其美洲殖民地之间的战事，美国保持中立。相关战事若发生于美洲，美国将视为具敌意之行为。美国国务卿克里 2013 年 11 月 18 日在华盛顿表示，门罗主义的时代已经终结，今天的美洲国家间关系建立在平等伙伴关系和共同责任基础上，美国不再致力于干预其他美洲国家事务。此观点由詹姆斯·门罗总统（President James Monroe）发表于第七次对国会演说的国情咨文中。演说开头迟疑，而后转为充满热情。这是美国涉外事务之转折点。此学说初由约翰·昆西·亚当斯等人构思而成，以宣布美利坚合众国在道义上反对殖民主义；后经多方重新诠释为种种广义之说法；西奥多·罗斯福总统即以之作为行使美式殖民主义之许可[以门罗主义之罗斯福推论（Roosevelt Corollary）而知名]。门罗主义的含义主要有三个：①要求欧洲国家不在西半球殖民。这一原则不仅表示反对西欧国家对拉美的扩张，也反对俄国在北美西海岸的扩张；②要求欧洲不干预美洲独立国家的事务；③保证美国不干涉欧洲事务，包括欧洲现有的在美洲的殖民地的事务。门罗主义在当时未产生多少影响，因为英国在拉美的影响要大大超过美国。19 世纪 40 年代以后，美国又重新提起门罗主义。根据互联网资料整理。

② 目前有海底隧道相连英吉利海峡隧道，是世界上最长的海底隧道，由三条长 51 千米的平行隧洞组成，总长度 153 千米。根据互联网资料整理。

③ 2015 年 4 月 14 日，俄罗斯两架图—95 战略轰炸机在米格—31 战机护送下，14 日在巴伦支海、挪威海和大西洋海域进行巡航。2014 年 4 月 23 日，两架俄罗斯战机逼近英国领空后，在苏格兰东北部地区被两架英国皇家空军的"台风"式战机驱逐。2013 年，英国发生过 8 起类似事件。两架俄罗斯军用飞机在国际空域飞行。然而，这一次俄军机第一次在未经许可的情况下进入英国领空。根据互联网资料整理。

陈规。政治制度方面，美国的三权分立制度并不必然比英国的君主立宪制高明。但美国的社会制度，例如移民制度、经济制度等比英国更开放，更能容纳创新。美国较为开放的移民制度吸引了许多欧洲的精英，这些精英在政治、经济、文化、科技、军事方面为美国的发展做出了非常大的贡献，是推动美国走向全球大国的重要力量。更重创新、更开放、更包容的文化造就了美国的制度优势。制度优势经过多年积累，终于在19世纪末爆发，并一直延续到现在。制度的优势一旦形成，比有形的实力更难摧毁。

三、来自苏联的挑战

美国成为全球大国的过程中，苏联是一个重要的挑战者。20世纪五六十年代的苏联在核武器、航天方面短暂地超越了美国，但全球大国是综合的，至少包括政治、经济、军事三方面，而苏联当时具备的优势仅是军事方面的一部分。因而，苏联是一个失败的挑战者。成为全球大国是一个持久的过程，新的全球大国和旧的全球大国相比，应当在综合实力方面具备较大的优势，和旧的全球大国之间有较大差距，才可能取代旧的全球大国。苏联当时的综合实力和美国相比仍然有较大差距，苏联缺乏经济和贸易上的支持，使其难以长期保持在核武器、航天方面的优势。军事工业和重工业的巨大投入使苏联经济严重失衡，轻工业和农业发展陷入困境，民众生活水平大幅下降，也是导致苏联解体的原因之一。高估自身实力、缺乏现实需要和商业动力的国际竞争，是不可持续的，必将以悲剧收场，最终会对国力造成不必要的损耗。

第五节　第五个全球大国？

美国之后的第五个全球大国会是谁，这是一个令人费解的问题。事实上，美国现今的全球大国地位并非不可挑战，美国并非完美无缺，美国国内存在诸多问题。

一、美国的困境

首先，美国政治制度的缺陷开始暴露。第一，两党轮流执政的政党制度使得美国国会形成了尖锐的政党对立，民主党和共和党矛盾不断激化。两党竞争的政体造成的不良影响目前是暂时的，一旦两党竞争在更加激化，美国政治运行和社会发展都将受到极大的不良影响。第二，美国总统选举过程中的"金钱政治"现象明显，总统选举愈加成为"金钱秀场"，决定候选人当选的关键，不再是候选人的政见、个人操守能力等，而成了出镜率、广告频率等，例如奥巴马的选举就说明了这点①。严肃的政治选举日益演化为集体的娱乐狂欢，极有可能异化美国的民主。

其次，美国的种族问题依然存在。近两年爆发的一系列警民冲突②，说明美国的种族问题依然严峻。随着全球一体化的加快、贫富差距不断扩大，在经济、教育水平、文化程度上处于劣势的黑人将会有更多的怨言和不满，种族问题将更加突出。种族问题，从建国开始一直令美国头痛，通过1861年美国内战、民权运动③等一系列重大事件缓和了美国的种族矛盾。但种族问题依然没有得到较好的解决，依然是美国的"老大难"问题。种族问题的持续发酵，无疑会对美国的社会稳定和经济发展产生较大的负面影响，也不利于美国社会的团结。

第三，更多卷入全球事务加速了美国国力消耗。苏联解体使美国对自身实力越来越自信，由于缺乏有效的制约，美国卷入全球事务更加"任性"。苏联解体后，美国深度介入了两次伊拉克战争、一次阿富汗战争、一次科索沃战争，通过空袭的形式对伊斯兰国进行了打击，美国间接介入的地区冲突更是多不胜数。美国在全球的地位，并不如当年的英国，但美国所主导的"全球治理"的深度要远远超过英国。美国贩卖政治制度和价值观的同时，也花费了巨额军费。冷战结束26年以来，美国

---

① 美国民主党向联邦选举委员会新提交的报告显示，奥巴马总计筹得的竞选经费高达近7.5亿美元，创下美国总统选举历史上个人筹款纪录。在竞选的预算中，在媒体和广告上所耗费的资金占竞选总资金的65%左右，达到4.838亿美元。这些资金用途包括在广播和电视时段、电子市场媒介以及出版业所做的广告。在广告费用中，占数量最大的一笔为电子媒体广告的费用，达到7 450万美元，而平面媒体的广告只为210万美元。根据互联网资料整理。

② 美国马里兰州巴尔的摩当地时间2015年4月27日发生暴乱，黑人抗议者走上街头袭击警员、点燃警车、抢劫商店。这场暴动的起因是一名25岁黑人青年的死亡。在美国，黑人死于警方之手已经不是什么新鲜事了。来自美国媒体的图表显示，根据2012年FBI的数据，在所有"被捕后被杀"的受害者中，31%是非裔，尽管当年非裔人口仅占美国总人口的13%。黑人青年格雷葬礼上，巴尔的摩民众再次打出了曾经在弗格森出现过的标语"Black Lives Matter"（直译：黑人也是命）。支持者们认为，去年弗格森事件鼓励人们走上街头，对抗执法暴力和种族歧视。一名抗议者接受BBC采访时说，"被杀的可能是我的孩子。我想要尊重警察，而且我们也确实需要他们的保护，但我怕他们。任何时候他们都可能在光天化日之下杀了你，然后全身而退。他们说巴尔的摩事件是帮派暴乱？我看警察才是最恶名昭著的帮派。"不过这次警方显然接到指令让民众宣泄他们的愤怒，而不像2014年在弗格森，警方平息骚乱时的很多做法被批评是助长了民众的激愤情绪。根据互联网资料整理。

③ 美国民权运动（Civil Rights Movement, United States）指的是第二次世界大战后美国黑人反对种族隔离与歧视，争取民主权利的群众运动。根据互联网资料整理。

打了七仗，1991 年海湾战争，1995 年和 1999 年又在波斯尼亚和科索沃打了两仗，2001 年打阿富汗，伊拉克战争从 2003 年打到 2011 年，同时美国在 2011 年又用兵利比亚，今年又对 IS 进行空袭。美国国会财政预算办公室估计，在伊拉克采取的军事行动，平均每月花费 60 亿美元。一向反对攻打伊拉克的诺贝尔经济学奖得主斯蒂格利茨则估计，伊拉克战争的最终总开支，可能会高达 1 万亿—2 万亿美元，其中 5 000 亿美元是攻打和占领伊拉克的直接开支，3 000 亿美元是将来治疗伤兵的代价。相比之下，美国在 1999 年对科索沃的轰炸中花费了 30 亿美元。1991 年海湾战争估计耗资 610 亿美元。可见，美国进行所谓"全球治理"的军事成本越来越高。

二、谁能挑战美国？

美国国力目前可以承担这些军费，但随着美国的日渐衰落，美国将难以承担"全球治理者"的重要角色。当今的全球格局基本是二战后奠定的。以二战为基础所奠定的全球格局和全球体系对美国有利，确认了美国在全球的主导地位。然而，随着时间的推进和国际形势的发展，美国在全球的主导地位，将受到越来越多国家和地区的挑战，这种挑战极有可能终结美国的全球大国地位。

回顾数百年的历史，可以发现，撼动美国全球大国地位的挑战国需具备的条件非常严苛。首先挑战国需在经济贸易上超越美国，这是撼动美国全球大国地位的基础。没有经济贸易的优势作为支撑，挑战国可能在短期内超越美国，持久超越的可能性不大，中国、欧盟、印度，都是潜在的挑战对手。

其次，挑战国应在军事上形成对美国的领先优势，就全球军事力量对比而言，这一点似乎更难做到。美国在战略思想、武器装备、军事训练方面都具有较大的优势，在没有战争损耗的前提下形成对美军的领先优势，难度较大，俄罗斯、中国、欧盟和印度似乎是潜在的挑战对手。

最后，挑战国在国家治理、政治制度方面不能和美国有太大差距，至少不会削弱前两个方面所产生的领先优势。综合来看，中国和印度是美国全球大国地位的最大挑战国，而中国的可能性似乎比印度更大。

第六节　中美全球大国争夺的四大特征

鉴于中国的国力和发展状况，再结合全球大国的争夺史，中国取代美国最终成为全球大国可能需要一个漫长的过程，长时间的争夺决定了中国取代美国全球大国的地位将具备四个特征：长期性、反复性、涉及面广和结果的不可预测性。

一、竞争的长期性

中美两国关于全球大国的竞争将是一个长期的过程。这种长期性的原因是由于关于全球大国的竞争将是系统的、多方面的，这种竞争涉及政治、经济、军事、文化、科技、体育等方方面面。由于全球化的推进，中美除了竞争以外，还有一定的合作，这种既合作又竞争的关系，使得中美关于全球大国的竞争更加复杂。针对长期性的特点，中国应该确立和美国竞争的三个基本原则：首先，应该对与美国长期竞争有充分的心理准备，这样才不会急于求成，才不会在长期竞争中松懈，也不会低估和美国竞争的时间。其次，中国的一些政策，例如军事政策、外交政策等，要立足于长期竞争这一现实，做好持久战的准备，中国要在经济上、军事上、外交上逐步取得对美国的优势，而不能寄希望于一蹴而就。最后，长期性的特点，要求中国必须长期保持经济贸易的优势，中国要坚持好"发展是硬道理"，做好经济发展的"改革开放"，只有繁荣的经济贸易才能为中国提供充足的竞争动力。

二、竞争的反复性

中美两国关于全球大国的竞争将是一个反复的过程。目前，中国和美国相比在各方面尚有一定的差距，以大企业为例，美国《财富》杂志发布 2011 年度"世界500 强"企业最新排美国的上榜公司达 133 家，总数仍保持全球第一。中国的上榜公司数量为 69 家，仅为美国的一半。即使中国一直保持 6.5% 或者稍低一点的经济增长速度，未来中国也许可以在经济、军事等领域具备一定的优势。但这不意味着中国可以顺其自然地取代美国全球大国的地位。美国著名的国际政治学者米尔斯海默在《大国政治的悲剧》中文版前言中写道："国际体系是一个险恶而残忍的角斗场，要想在其中生存，国家别无选择，只得为权力而互相竞争。在国家意图不明的世界里，大国必须尽可能多地获取权力来保护自身，以防任何国家的挑战。中国将会需求地区霸权，因为优势地位是生存的最好保证。如果说美国的战略利益在于不让远处大国插手西半球的事务，那么中国的利益所在无疑是将美国军队赶出亚洲。当然，美国将竭力阻止中国获得地区霸权，因为美国不能容忍世界舞台上存在与之匹敌的竞争对手。其结果便是中美之间激烈而危险的安全竞争，这种竞争类似于美苏在冷战期间的那种对抗。"美国不会让中国持续发展下去，目前美国通过将中国排除在TPP协议之外、制裁中国大型科技公司等方式阻碍中国的顺利发展。另外，美国在政治上对中国的打压一直存在，例如诋毁中国的人权、丑化中国、支持分裂中国的势力等，美国在军事上和外交上则通过"重返亚太"、搅局南海等增加中国崛起的难度。中美实力尚有不小的差距，美国就如此忌惮中国并采取了诸多行动，一旦中美形成均势，美国国内的恐慌情绪将会甚嚣尘上，阻碍中国崛起的行动将会更多、更激烈。因此，中美两国竞争的过程将是反复的、坎坷的、充满挑战。

三、竞争的全面性

中美两国关于全球大国的竞争涉及面将会非常广。中美关于全球大国的竞争是多方面的，多种势力将会交织其中，例如政治势力、资本势力、宗教势力等。美苏的竞争曾让欧洲分化为两个阵营，北约①和华约②。今天，意识形态的竞争已经淡化，但中美竞争仍有可能演化为两个阵营之间的竞争，并极有可能是新兴国家和既得利益国家之间的竞争。至于竞争的广度和深度，有赖于世界形势的进一步发展方可判断。可以预见的是，政治问题、民族问题、宗教问题、种族问题，乃至于社会制度问题都将成为双方的重要角力点。

---

① 北大西洋公约组织是美国与西欧、北美主要发达国家为实现防卫协作而建立的一个国际军事集团组织。军事集团组织。北约拥有大量核武器和常规部队，是西方的重要军事力量。这是二战后资本主义阵营军事上实现战略同盟的标志，是马歇尔计划在军事领域的延伸和发展，使美国得以控制德国和法国为首的欧盟的防务体系，是美国世界超级大国领导地位的标志。根据互联网资料整理。

② 华沙条约组织是为对抗北大西洋公约组织而成立的政治军事同盟。1955年德意志联邦共和国（西德）加入北约后，欧洲社会主义阵营国家（包括德意志民主共和国即东德）签署了《华沙公约》，全称《阿尔巴尼亚人民共和国、保加利亚人民共和国、匈牙利人民共和国、德意志民主共和国、波兰人民共和国、罗马尼亚人民共和国、苏维埃社会主义共和国联盟、捷克斯洛伐克共和国友好合作互助条约》（又称苏东条约）。根据互联网资料整理。

四、结果的不可预测性

中美两国关于全球大国竞争结果将是不可预测的。"谋事在人，成事在天"，并不是有实力、有决心就一定能够完成某件事情。中美之间的竞争也是如此。首先，虽然中国保持着长期的上升势头，但上升势头是否能够继续，是否能够确保中国超越美国，是未知的。其次，即使中国的政治、经济、军事等方面超越了美国，但美国作为史上最健康的全球大国是否甘愿接受改变，未可知。"瘦死的骆驼比马大"，中国是否能够顺利地从美国手中接过全球大国这一无限荣耀的权杖，存在诸多变数。第三，除了中美以外，其他地区性大国或者联合体可能后来居上，赶超中美，成为比中美更加强大的政治经济军事共同体。中国数千年的历史经验表明，"黑天鹅"事件会经常发生，重大的意外事件对地缘政治格局和相应国家实力的影响将是难以预估的。例如经济危机、金融危机、全球变暖加快、水资源危机、粮食危机、石油危机等，甚至于较大的自然灾害或者外太空事件，都有可能对中美长期竞争的格局产生深刻的影响。未来是未知的，在任何时候保持强烈的国家决心都是值得赞许的。

综上所述，我们在不知不觉间将会成为历史的见证者，见证中国的崛起。中美是有史以来令人惊叹的大国，它们的竞争将会为全球带来什么也未可知。不过，依然有两个问题值得回答：为什么中国要参与全球大国的竞争？为什么中国参与全球大国竞争的对手一定是美国？

五、为什么要参与全球大国的竞争

关于第一个问题，中国向来缺乏对外扩张的传统和野心，所以，不管中国在历朝历代多么强大，一直怀着"睦邻友好"的观念和邻邦相处。然而，世界形势的发展使中国"天朝上国"的美梦毁于一旦，实践证明，"闭关锁国"只会落后挨打。因而，中国被迫参与世界竞争，也被迫参与和美国全球大国的竞争。中国已成长为全球第二大经济体，国力和影响力巨大，同时，中国也对全球贸易和能源产生了严重依赖。这种情况下，中国必须承担国际责任，拓展国际生存空间，不然会招致其他国家更进一步的挤压。美国已经在采取各种措施限制中国的发展，中国若不进行应对，在全球的生存空间就会越来越小。"树欲静而风不止"，中国并不具备成为"与世无争"国家的条件，中国离不开世界，世界也离不开中国，如果不能捍卫自身利益，中国将在全球无立足之地。所以，中国参与全球大国的竞争是被迫的。

为什么中国必须参与全球大国的竞争呢，原因主要有两方面。首先是为了中国人民自己的幸福。中国已经具备了和美国竞争全球大国的潜力，如果中国争得了全球大国，中国的发展将会更加顺畅，中国人民压抑百年来的民族情感将会得到极大补偿。根据美国的经验，全球大国虽然使一个国家承担了许多的国际义务，但对于国家经济和军事实力、民众生活水平等的提升是显而易见的，获得全球大国的地位能有效促进中国的发展。

其次，美国作为目前的"全球治理者"，并没有履行其相应的义务，美国越加执拗和缺乏担当。美国在全世界推销价值观，固执地点燃了一个又一个地区冲突的火药桶，导致许多地区的政权垮台，却没有后续手段管治相关地区，使得宗教极端思想广泛传播、教派冲突不断，许多原本安宁的地区成了战火不断的战场，美国一意孤行所产生的后果可能需要几十年甚至几百年才能完全消除，给当地人民造成了巨大的苦难。最后，美国漠视全球的贫困问题和第三世界国家的发展问题。全球贫困问题和第三世界国家发展问题是一个问题的两面，美国对于第三世界国家的发展缺乏关切，由其控制的世界银行对于第三世界国家发展的援助十分有限。2009—2010 年，中国国家开发银行和中国进出口银行共向发展中国家提供了不少于 1 100 亿美元的贷款，而从 2008 年中—2010 年，世界银行贷款部门总共发放的贷款总额为1 003 亿美元。显然，美国没有完全承担起对于第三世界国家的援助义务。基于这种状况，中国才积极履行国际义务，通过设立亚投行等对第三世界国家的发展进行帮扶，以促进第三世界国家的发展，解决全球贫困问题。中国的大格局和大视野是美国所不具备的。

六、认清真正的竞争对手

关于第二个问题，为什么中国参与全球大国竞争的对手一定是美国。首先，美国是一个健康的全球大国，在政治、经济、军事、文化等方面全球领先，这种优势是中国所不具备的。其次，欧盟、日本、俄罗斯、印度均不具备足够实力取代美国成为全球大国。关于欧盟，欧盟的融合度不断加深，欧盟的经济总量和进出口贸易处于世界前列，然而欧盟本质依然是欧洲诸国的联合体，联合体下的各国均有自己的盘算。如果将欧盟视为一个整体，分崩离析的内部治理将是妨碍欧盟参与全球大国竞争的最大阻碍。全球大国争夺史说明，内部政局不稳或者内部治理不完善的国家难以成为全球大国的有力竞争者。欧盟在军事实力方面也有待加强。关于日本，其经济实力有目共睹，日本是岛国，对外贸易对日本的发展极其重要，使得日本生存能力较弱，日本显然难以参与全球大国的争夺。日本还不是正常的国家，日本军队的发展受到战后和约和宪法的制约，日本的正常化需要一定的时间。关于俄罗斯，其作为苏联的主要继承国，已经是强弩之末。俄罗斯幅员辽阔，自然资源丰富，不过俄罗斯可供开发的地区集中在欧洲，西伯利亚的开发殊为不易。就俄罗斯目前的发展状况和经济状况而言，俄罗斯实力的恢复需要较长的时间，在可预见的未来，俄罗斯尚无实力参与全球大国的争夺。关于印度，其除了人口优势和IT优势外，基础设施过于落后，教育普及程度亟待提升，宗教矛盾和种族矛盾也没有得到有效管控，与邻国巴基斯坦的纷争也干扰了印度的持续发展。印度的经济实力、军事实力与中国相比尚有较大差距，更遑论与美国对比。总而言之，欧盟、日本、俄罗斯和印度目前尚无法撼动美国的全球大国地位，所以中国参与全球大国竞争的唯一对手是美国。

第二章　经济贸易：中国崛起的基础

第一节　对外贸易：没有硝烟的竞争

中国历来有重农轻商的传统，"士农工商"的排位说明商人的地位低下，几千年的传统已经将这种思想刻印到中国人的骨子里，这也是契约文化在中国推广困难重重的原因之一。作为中国主流文化的儒家文化，本质上是轻视商业的，儒家关于"义"、"利"的千年争辩已经充分说明儒家文化是轻视"利"的，而逐利恰恰是商业的本质所在。文化是社会经济的上层建筑，重农抑商社会传统的形成恰恰是和当时中国社会经济发展情况相适应的。

一、重农抑商道路的失败

公元前 221 年，中国进入秦王朝统治时期，中国的封建社会正式开始，建立在君主专制和土地私有制基础上的封建社会是一个闭环，可以自给自足，并不需要太多的商品流通，更无须对外贸易。中国物产丰富，自然资源足以供给国内民众衣食住行的需要，对外贸易就显得无关紧要。对于封建王朝而言，对外贸易是获得财富的重要途径，但对国内的封建经济助益不大。封建王朝所需要做的仅是保持国家政权的稳定和兴修水利确保农业生产的顺利进行。抑制商业是保证农业生产顺利的条件之一，商业的发达会减少农业劳动力，商业流通所增加的人员流动会增加社会的不稳定，进而威胁到封建王朝的统治。出于对土地的眷恋以及本身能够自给自足，封建王朝中的农民对于商业的需求较小，经商的欲望较低，甚至于将经商的人视为异类。

19世纪，"重农抑商"的中国终于被重商主义的西方国家全面超越。中国在清王朝的末期被迫和西方国家发生正面的碰撞，这种碰撞与其说是东方文明和西方文明的碰撞，毋宁说是"重农抑商"道路和重商主义道路的正面竞争，结果显然。"重农抑商"的道路上，即使改朝换代，封建社会也不会发生根本的改变，生产力、生产关系的发展仍处于相对停滞状态，这样的社会其实是另一种"原始社会"，延续几千年，发展很小。而重商主义的道路上，在"逐利"欲望的驱使下，各方力量积极地投入生产，生产力和生产关系快速发展，社会变化日新月异。因而，西方在重商主义道路上走了两百年，便将中国甩在了后面，中国变成了"落后挨打"的一方。

二、意义非凡的商业贸易

当年郑和下西洋的时候，场景壮阔，国家实力和造船技术在全球首屈一指。郑和率领200多艘海船、2.7万多人远航西太平洋和印度洋，拜访了30多个国家和地区，曾到达过爪哇、苏门答腊、苏禄、彭亨、左法尔、忽鲁谟斯、木骨都束等，最远达东非、红海。郑和下西洋是中国古代规模最大、船只最多（240多艘）、海员最多、时间最久的海上航行，比欧洲国家航海时间早几十年，是明朝强盛的直接体现。郑和的航行之举远远超过将近一个世纪后的葡萄牙、西班牙等国的航海家，堪称是"大航海时代"的先驱。然而，郑和下西洋的举动是难以持续的，缺乏商业的驱动，没有长期的经济支持，即使依靠强大的国力进行了一两次远航，却难以长期持续。西方国家屡屡进行的远征，都有开拓殖民地和海外市场的目的，因而西方的远征越来越顺利，美洲、亚洲、非洲，到处是西方的远征军，而这不过是西方重商主义道路的副产品。两百余年的时间里，世界大势发生了深刻改变，"日出而作，日落而息"的农耕文明没有被"弯弓射大雕"的游牧文明所打败，却被"机器声轰鸣"的资本主义所打败。由此看来，商业贸易实在是近代立国的根基。

亚洲四小龙原本偏僻落后、民众生活水平低下，在全球处于边缘地位，伴随其对外贸易的发展，亚洲四小龙民众生活水平接近发达国家，在全球的地位得到了有力提升。"仓廪实而后知荣辱"，如果没有对外贸易的发展，中国台湾地区和韩国的经济不可能发展到今天的水平，无法想象台湾的综艺节目、韩国的肥皂剧能够产生于一个贫困的社会。"世界大势浩浩荡荡，顺之者昌，逆之者亡"，莫非如是，重视商业是国家强盛无法回避的道路。

三、中国对外贸易的巨大成就

中国能够摆脱长期封建社会"重农抑商"所带来的困境，与改革开放以后重视对外贸易不无关系。1978—2013 年，中国对外贸易总额从 206 亿美元增加到 4.16 万亿美元，年均增长 16.4%。对外贸易成为推动经济社会发展最活跃的力量。近年来，对外贸易对经济增长的贡献率平均达到 17%—20%，直接和间接带动了国内 1.8 亿人就业，创造了 18% 的全国税收。中国外贸发展还增进了主要外贸伙伴的国民福利，成为全球经济增长的动力。国际金融危机爆发以来，中国成为带动世界经济复苏的重要引擎，对世界经济增长的年均贡献率超过 20%。

对外贸易给中国的老百姓带来了巨大财富，私人财富快速增长，千万富翁和亿万富翁不断增加。招商银行和贝恩公司联合发布的《2015 中国私人财富报告》指出，2013—2014 年，中国私人财富市场的可投资资产总量和高净值人群数量继续保持两位数的快速增长。在资本市场回暖、新兴投资产品不断涌现的拉动下，2014 年末中国个人总体可投资资产达到 112 万亿人民币，相较 2012 年年均复合增长率达到 16%。2014 年末，中国高净值人群规模突破 100 万人，相较 2012 年增长了 33 万人，而相较 2010 年年底已经翻番。过去五年的数据显示，财富创造正在从美国向中国转移。外部获得的财富进一步促进了国内制造业、服务业、房地产业的发展，中国的经济表现出了前所未有的繁荣。2001 年至今，中国参与对外贸易较多的珠三角和长三角地区获得了快速发展，参与对外贸易较少的东北和西北地区则发展缓慢。

中国目前最富庶的地方，恰恰是对外贸易发达的珠三角和长三角地区，对外贸易所带来的财富不是采矿业可以比拟的。对外贸易所惠泽的人更多，所形成的产业结构也更为健康。采矿业所进行的资源开采有一定的期限，并且采矿业往往处于产业链的最低端，所提供的主要是原材料，造成的环境污染也非常严重。采矿业本身难以形成完整的产业链，所积聚的人口有限，对地方经济的拉动也有限。近年中国出现了许多资源枯竭型的城市，它们的发展和衰落充分说明了采矿业的局限性。制造业则不同，尤其是高端制造业在产业链的中高端，能创造较高的价值，还能促进相关产业链的形成，积聚大量的人口，对地方经济的拉动作用十分明显。制造业还能够及时对产品和产量进行调整，只要有足够的订单、资本和劳动力，制造业就能源源不断地生产。宏观的叙述似乎难以说明对外贸易15年来对中国的深刻改变，或许以实例说明更翔实。

黄氏兄弟是中国近15年来经济发展的一个缩影。黄氏兄弟是粤西地区的普通民众，1999年之前，他们是外贸国企的普通员工，所有身家加起来也不会超过50万。加入WTO前后，中国制造的产品凭借着低廉的价格和较好的质量迅速击败了国外的众多商家，快速杀入全球市场。不断涌入的订单为黄氏兄弟带来了巨额财富，到2011年的时候，他们的身家已达数亿之多。十年的时间，财富数百倍的增长，这样的故事15年来在中国频频上演。除了富豪之外，普通民众也在外贸浪潮中获益颇丰，普通民众的工资水平和生活条件在近15年中快速提升。以城镇居民人均可支配收入为例，2001年城镇居民人均可支配收入为6 860元，2014年城镇居民人均可支配收入已达28 844元。中国的财政收入在近15年中快速增长，2001年中国的财政收入为16 000多亿，而2014年财政收入已超过14万亿。

美国某些学者曾认为中国将像前苏联一样走向崩溃。中国不仅没有崩溃，反而具备了和美国竞争的实力。没有近三十多年来的改革开放，中国的经济实力和其他各方面实力很难达到今天的高度。中国若想在和美国关于全球大国的竞争中处于有利地位，继续发展对外贸易将是中国的必然选择。暂时的军事和外交失利尚有挽救的空间，但如果对外贸易出现了较大的问题，将会影响中美竞争的全局。因而，发展对外贸易始终应当是中国发展的重中之重。

四、对外贸易持续发展的三大前提

当然，今天的对外贸易不仅包括产品的贸易，还包括生产力的贸易和资本的贸易。中国目前推进的"一带一路"，实际上就是将产品的贸易、生产力的贸易和资本的贸易结合在一起的。这一基本国策无疑隐含着决策层对当前形势的深谋远虑。西方国家在进行对外贸易时，往往会夹带着政治制度和文化出口，因而，对外贸易在国际政治层面又不仅仅是对外贸易而已。对外贸易包括两方面：一是产品的竞争，二是非产品的竞争。产品的竞争包括产品的质量、科技水平、价格、安全性等，非产品的竞争包括对外贸易的保护能力、海洋运输能力、国家战略的支持等。改革开放以来，对外贸易就和中国的国运交织在一起。由于篇幅的限制，笔者仅从对外贸易构成要素里挑选三项分析，包括海权的掌控、贸易规则的话语权、人民币计价。

（一）海权的掌控

中国大部分对外贸易都是海上贸易，中国的几个较大的贸易伙伴，例如美国、日本、英国、拉丁美洲、非洲等，都不是陆运可以直接到达的。并且海运所具有的两个天然优势，是陆运不具备的。首先是海运的低成本，海运速度较慢，但大型轮船的装载量巨大，所以海运的成本低。其次，对外贸易的陆运需要经过较多国家，陆运枢纽地带的中亚和中东国家的政局不稳，冲突不断，对陆运构成较大的安全威胁。海运不存在重大安全问题，大部分海域都是公海，只要能够建设力量强大的海军，就可以保证海运的安全。

出于维护国土安全的考虑，中国一直较为注重近海防御，但中国对远洋海权的掌控与中国的现实需要之间仍然存在着较大的差距，虽然没有一套公允的评价体系来衡量一个国家对于海权的掌控，但是依据一个国家的海外军事基地、海军的远洋投放实力大概可以衡量出一个国家对于远洋海权的掌控。掌控近海海权主要是为了维护中国国土安全，掌控远洋海权则是为了维护中国的对外贸易安全，国土安全和对外贸易安全都属于中国的国家安全，都需要有力的保护。掌控远洋海权能够更好地维护近海安全，也能够扩大中国的生存空间。中国在吉布提建设军事基地似乎拉开了中国掌控远洋海权的序幕，但中国掌控远洋海权的努力明显落后于中国对外贸易的发展。造成这种情况的原因主要是：

首先，中国对于海权的认识存在着逐渐升华的过程。中国是大陆国家，威胁主要来自大陆。新中国成立以后，建立了强大的陆军，来自海洋的侵略对于中国国土安全的影响有限，另外，中国的对外贸易在历史上从未发展到今天这样的规模，加之中国一直受到美国的岛链封锁，发展远洋海军既无必要也有难度。有鉴于此，发展近海防御成了中国的首要选择。现在，中国认识到了掌控远洋海权的重要性，前往索马里护航，即是掌控远洋海权的试探性举动。中国大量货物出口和原材料、燃料的进口都要经过波斯湾、马六甲海峡，如果中国对这些关键性的海洋通道缺乏掌控能力，那么中国的对外贸易是难言安全的。

其次，中国之前的海军建设主要立足于防御，毕竟中国海军的主要威胁来自美国。面对强大的美国海军，中国采取以防御为主、进攻为辅的海军发展战略是明智之举。因而，中国海军一直注重发展核潜艇这一非常规武器，以应对中美海军力量不对称的局面。随着中国对远洋海权的重视，中国开始大力发展海面军事力量。因为只有足够强大的海面军事力量，才能保证中国海军的远洋投放能力，才能真正实现对远洋海权的有效掌控。目前，中国的航空母舰辽宁舰已经下水，中国也正在建设更多的航空母舰，以满足中国对远洋海军的需求。

总体而言，海权的掌控是一个漫长的过程，三项条件是不可或缺的。一是形成全社会重视海权的共识，才能确保海权的掌控有稳固的社会基础，才能够获得国家力量的支持。二是大力发展海军，尤其是远洋海军。海军的建设往往耗费巨大，尤其是大型海军舰艇的建设耗资更是惊人，而远洋海军的发展离不开大型海军舰艇的建设，所以海军的建设需要国家财政的巨额支持。海军建设耗费巨大，但海军是掌控海权的关键，强有力的海军不仅能够维护国家安全，还能保证对外贸易的繁荣安全，从成本收益的角度而言，大力建设海军是有利可图的。三要实施有效的战略。在形成了全社会的共识，并且有了强大的海军之后，如何获取远洋海权也需要有效的战略。中国2015年的国防白皮书《中国的军事战略》上提及的策略是"近海防御、远洋护卫"，这种策略其实是在保证近海的足够海军力量的情况下，逐步向远洋发展，以获得对远洋的一定的控制权。

（二）贸易规则的话语权

目前的全球贸易规则是以美国为首制定的，中国作为参与国应当逐步获得贸易规则的制定权。美国目前在进行 TPP 协议的谈判，中国应当采取有效的措施进行应对，中国在两方面需要继续努力。

首先，全球贸易规则的发展趋势是更加便利、更少成本，在今后建设由中国主导的贸易规则也应当坚持这个原则。中国在国内市场经济的发展以及强化对外贸易实力方面依然有较大的空间，所以，中国应当继续完善本国市场经济制度，不断增强对外贸易实力，才能适应全球贸易规则更加便利、更少成本这一趋势。

其次，中国所主导建立的贸易规则既要立足于中国的实际情况，又要更加开放。中国所主导建立的贸易规则应当以主要贸易伙伴为主，应当能够促进中国和主要贸易伙伴贸易的发展。其次，中国所主导建立的贸易规则应当是开放的，能够及时吸收第三世界的国家或者新兴国家加入，使中国所主导建立的贸易规则具有更大的影响力，为更多的国家所认可。另外，中国还应当注重贸易规则本身的合理性和前瞻性、前期调研、正式拟立、相关外贸纠纷的事后调处都应该考虑细致，使中国所主导建立的贸易规则具有更强的生命力。

（三）人民币计价

人民币计价问题的提出，基于两种背景。一是目前全球大部分对外贸易的计价是美元计价。采取美元计价对于美国有较大好处的，有利于美国在对外贸易中持有相关商品的定价权，也有利于美国金融业的发展。货币计价是零和游戏，对美国有利，就会对中国不利。二是随着中国对外贸易的不断发展，中国作为外贸大国的实力不断增强，人民币在全球的使用率进一步普及，人民币的可接受度进一步提高人民币已经是全球第五大流通货币。中国期望人民币作为计价货币的功能继续发展，能够和美元计价并驾齐驱，甚至超越美元计价。

在中国的崛起中，人民币和美元的竞争将是持续的，并且是广泛的，将涉及计价权的竞争、使用范围的竞争、利率和汇率的竞争等等。计价权之争的实质是中美两国在全球的经济实力的争斗。货币战场是没有硝烟的战场，但这个战场却比一般的战场更加残酷，转眼间，灰飞烟灭的将是数千亿甚至数万亿国家财富。货币竞争的过程惊心动魄！

中国从"重农抑商"的道路上走向既"重视农业"又"推崇商业"的复合之路，中国在复合道路上的行走之快令人惊叹。这一过程应该更多地归功于中国自身的努力。通过设立特区、鼓励地方竞争、设立经济开发区、加入世界贸易组织等一系列改革开放措施，中国完成了伟大转型。在快速发展的过程中，中国也遭遇了许多问题，例如债务问题、大城市病、农民工的生存保障问题等，但这些问题并没有对中国成为全球贸易大国造成实质性的损害。在内外实力显著增强的同时，中国也期待自身国际地位的提升。中国首先关注的依然是国家安全，包括国土安全、近海安全以及对外贸易的安全，中国的期望和美国的欲求是背道而驰的。美国以全球大国自居，在东西半球都不希望见到威胁自身的新的全球大国的出现。美国希望维持现有的利益分配格局，美国依然是全球大国，依然是全球的治理者。崛起的中国并不喜欢美国所认可的利益分配格局，或许，没有任何崛起的大国乐于接受美国所设定的利益分配格局。不过，中国应当注意的是，不接受不是问题，和美国进行百年竞争也无可厚非，中国需要在竞争中把握基本的底线，即不能损害中国的对外贸易地位，因为对外贸易是中国与美国竞争的基础。中国所采取的任何竞争手段都应该坚持这个基本的底线。若中国因为和美国的竞争损害了对外贸易，那么中美竞争的结局将不容乐观，或者中国超越美国成为全球大国的时间将延迟。

中国属于新兴的国家，美国属于实际上的全球大国，在过去七十年的时间里，已经建立了以美国为主的政治、经济、金融、军事的全球秩序，中国只能够采取蚕食的策略，而非进行直接的大规模对抗。中国只有在迫不得已的情况下，方能采取极端的手段对抗美国。中国在和美国的百年竞争中，要非常注重防范美国借机煽动中国的分裂势力或者反动势力，也要防止美国点燃中国民族主义的情绪。时间对中国是有利的，中国正处于实力的不断上升期，而美国的增长速度已经远远落后中国。另外，中美全球大国的竞争虽然开始，但世界形势的发展是无法预料的，因而无论中美竞争到了何种程度，中国在竞争中依然要防止国力受损和民众幸福感的降低，竞争只是手段，保持国力持续增长和民众幸福感的持续提升才是中国成为全球大国的关键所在。

第二节　布雷顿森林战 [①] 与人民币的崛起

金融竞争是经济贸易竞争中的重要一环，而金融竞争中，货币竞争正是两个大国激烈竞争最有力的阐释。美元与人民币的竞争早已开始，由于目前人民币和美元

[①]　布雷顿森林货币体系是指二战后以美元为中心的国际货币体系。1944 年 7 月，西方主要国家的代表在联合国国际货币金融会议上确立了该体系，因为此次会议是在美国新罕布什尔州布雷顿森林举行的，所以称为"布雷顿森林体系"。"布雷顿森林体系"的主要内容包括以下几点：第一，美元与黄金挂钩。各国确认 1944 年 1 月美国规定的 35 美元一盎司的黄金官价，每一美元的含金量为 0.888671 克黄金。各国政府或中央银行可按官价用美元向美国兑换黄金。为使黄金官价不受自由市场金价冲击，各国政府需协同美国政府在国际金融市场上维持这一黄金官价。第二，其他国家货币与美元挂钩。其他国家政府规定各自货币的含金量，通过含金量的比例确定同美元的汇率。第三，实行可调整的固定汇率。《国际货币基金协定》（后简称《协定》）规定，各国货币对美元的汇率，只能在法定汇率上下各 1% 的幅度内波动。若市场汇率超过法定汇率 1% 的波动幅度，各国政府有义务在外汇市场上进行干预，以维持汇率的稳定。若会员国法定汇率的变动超过 10%，就必须得到国际货币基金组织的批准。1971 年 12 月，这种即期汇率变动的幅度扩大为上下 2.25% 的范围，决定"平价"的标准由黄金改为特别提款权。布雷顿森林体系的这种汇率制度被称为"可调整的钉住汇率制度"。第四，各国货币兑换性与国际支付结算原则。《协定》规定了各国货币自由兑换的原则：任何会员国对其他会员国在经常项目往来中积存的本国货币，若对方为支付经常项币换回本国货币。考虑到各国的实际情况，《协定》做了"过渡期"的规定。《协定》规定了国际支付结算的原则：会员国未经基金组织同意，不得对国际收支经常项目的支付或清算加以限制。第五，确定国际储备资产。《协定》中关于货币平价的规定，使美元处于等同黄金的地位，成为各国外汇储备中最主要的国际储备货币。第六，国际收支的调节。国际货币基金组织会员国份额的 25% 以黄金或可兑换成黄金的货币缴纳，其余则以本国货币缴纳。会员国发生国际收支逆差时，可用本国货币向基金组织按规定程序购买（即借贷）一定数额的外汇，并在规定时间内以购回本国货币的方式偿还借款。会员国所认缴的份额越大，得到的贷款也越多。贷款只限于会员国用于弥补国际收支赤字，即用于经常项目的支付。根据互联网资料整理。

的差距较大，人民币短时期内难以撼动美元地位。正如美元和英镑的竞争一样，英镑当年似乎坚不可摧，最后依然在布雷顿森林中被美元取代，难以预判的是人民币是否也有替代美元的一天。但可以确定的是，在中国逐渐成长为全球大国的过程中，人民币将是一个重要的工具，人民币的崛起也将是中国崛起的重要象征。

我们首先回顾七十年前美元与英镑的对决。美元和英镑当年的对决，其实就是新兴国家和老牌帝国之间的对决以及凯恩斯（英方谈判代表）和怀特（美方谈判代表）个人之间的对决。当《布雷顿森林协定》签订的时候，两个对决都以美方的获胜而结束，可见，历史一直属于真正的强者，而不属于貌似强大的一方。如果从1944年往前追溯30年，1914年的大英帝国依然生龙活虎，两次世界大战的消耗令这个老牌帝国身心俱疲，最终以一种不完美的方式终结了自己的"日不落"。国家和个体的人一样，也会受制于机体的限度。为什么货币如此重要，下面是三个思考的维度。

一、货币视角下的全球贸易

可以用最复杂的情绪来理解货币，也可以用最简单粗暴的视角看待货币。作为全球贸易的流通中介、信用中介，黄金、英镑、美元是以我们看得见的方式在发挥着便利的作用，国际货币流通背后真正流淌的是全球贸易的洪水。从双边贸易机制的形成到多边贸易机制的建立，全球贸易打破了每个国家"自给自足"的状态，将所有的国家都绑上了全球贸易的快车道，要么生存得更好，要么生存得更差，一旦进入全球贸易的大道，就永远难以回头，除非闭关锁国。但事实多次证明闭关锁国是最愚蠢的应对全球贸易的方式。

既然全球贸易的基石是经济发展和军事力量，规则就会由最强大的国家引导制定。既然全球贸易是在多国间进行，争端就会无可避免。而当国力的变迁和争端的爆发汇合在一起，战争和协商往往是最后的两种选择。一战和二战是一种选择，《布雷顿森林协定》也是一种选择。《布雷顿森林协定》表面上让美元替代英镑成了全世界最强势的货币，而其实质是美国想建立由它主导的全球贸易的新格局，并且以一种更加文明也更加狡猾的方式要求参与全球贸易的各个国家认同新格局。美元只是工具，利益才是一切。

二、贸易视角下的全球外交

全球外交和全球贸易相互交错，但全球外交显然囊括了更多的内容。贸易、文化、民族情感、国家力量都是全球外交需要考虑的内容。《布雷顿森林协定》的背后是全球贸易的新格局，而全球贸易的背后则是全球外交的新格局。当英国依然想苟延残喘地维护它在英联邦成员国的特惠贸易权时，美国主导的全球外交实际上已经非常清晰的。通过各种场合的博弈，让英国明白这种想法的不合时宜。很多时候，承认现状需要时间。

如果将全球外交理解为200多个异常聪明的有实力的人士之间的交往，可能更能直观地了解全球外交的本质。全球外交有时会以一种非常理性的方式进行，有时又会因为"囚徒困境"或者各种因素的影响而偏离理性的轨道，甚至为此不惜一战。在全球外交的背景下，个人就像大山深处的蚂蚁，只是生态链上的一员，而不是生态链的一环。

三、外交视角下的内部政争

布雷顿森林体系的建立有另外两点值得论述：一是确立《布雷顿森林协定》的过程中，英美的争斗波涛汹涌；二是《布雷顿森林协定》在英美内部所引发的政治争斗犹如乱石拍岸。英国和美国内部对《布雷顿森林协定》的认识并不是统一的，不同的利益集团、不同的政党，甚至不同的部门之间，都有不同的利益诉求。例如，美国的纽约银行家群体并不希望诞生一个全球性的货币稳定机制，因为这种稳定机制会在很大程度上削弱它们的作用，抑制它们的投机行为。而美国的民主党和共和党出于对贸易政策、资本管制等的不同理解，对《布雷顿森林协定》的要求必定也难以相同。最后，美国的财政部和国务院在订立《布雷顿森林协定》的过程中就发生了无数次的争斗。当然，鉴于财政部长摩根索和时任总统罗斯福更好的私人关系，以及财政部的某些有利的策略，最后财政部主导了《布雷顿森林协定》的签订。

历史不会重演，但历史会惊人相似。人民币作为中国的国家货币，伴随着中国经济和军事力量的进一步发展，在全球范围的使用和流动将会变得越来越广泛，人民币的重要性也会愈加凸显。人民币的最终目标依然是成为全球货币。或许当年美元和英镑的对决也会在全球再一次上演，只是这次的主角换成了美元和人民币。我们期待和中国有关的一个类似于布雷顿森林对决的时刻早日到来。

第三节　华尔街 [①] 与中国金融的未来

华尔街似乎越来越成为一个"贬义"的词语，在美国普通民众的心目中，正是因为华尔街的贪婪，才造成了美国 2008 年的金融危机，使得美国普通民众的财产遭受了重大损失，美国的国力和国际地位也在这次危机中受到一定的损害。而对于中国民众来说，华尔街更像是一种邪恶力量的代言词，"华尔街"掌控着恐怖的金融力量，进而对一些国家薄弱的金融市场发动攻击，包括 1997 年亚洲金融危机、中国的屡次被做空以及 2015 年发生的"6·29"股灾，都和华尔街脱不了干系。总之，华尔街更多地成了贪婪、邪恶以及资本罪恶的代名词。事实上，华尔街被过度解读了，它本身是没有感情的，它只是金融力量的汇集场所，关键是如何对它进行监管。华尔街对金融风险的漠视以及由此带来的风险的外溢，当然值得谴责。但对美国普通民众而言，如果没有华尔街，他们今天所享受到的优质的金融服务将会大打折扣。对于美国而言，没有华尔街，美国领先全球的金融优势将会荡然无存，美国的国家实力和财富将会大幅下降。华尔街依然有着有三个最重要的价值。

一、华尔街是美国经济发展的重要推手

华尔街所代表的美国金融业，是美国经济发展的重要推动力 [②]。华尔街包括银行、证券、保险，能够为美国企业的发展提供庞大的资金，为美国普通老百姓提供贷款，及时满足美国民众的消费借贷，华尔街还能够为美国民众的投资需求提供服务，并通过华尔街在全球的影响力，为美国普通民众赢得巨大的投资收益。简而言之，美

---

　　① 华尔街是纽约市曼哈顿区南部从百老汇路延伸到东河的一条大街道的名字，全长仅三分之一英里，宽仅为 11 米，是英文"Wall Street"的音译。街道狭窄而短，从百老汇到东河仅有 7 个街段，却以"美国的金融中心"闻名于世。美国摩根财阀、洛克菲勒石油大王和杜邦财团等开设的银行、保险、航运、铁路等公司的经理处集中于此。著名的纽约证券交易所也在这里，至今仍是几个主要交易所的总部：如纳斯达克、美国证券交易所、纽约期货交易所等。"华尔街"一词现已超越这条街道本身，成为附近区域的代称，亦可指对整个美国经济具有影响力的金融市场和金融机构。根据互联网资料整理。

　　② 美国自由派刊物 Mother Jones 指出，过去 20 年是美国金融化时代。全美 10 大金融机构在 1990 年控制全美 10% 金融资产，到了 2008 年升至 60%。报道又引述普林斯顿大学韩裔经济学家辛玄宋（译音）的现金流动经济数据指出，1954—1980 年，美国几乎各行业的规模都增长 10 倍；1980—2008 年基本上保持此趋势，但期间证券行业却增长 100 倍，足见金融业的影响力。根据互联网资料整理。

国的经济离不开华尔街，华尔街汇聚了全球最顶尖的金融人才，创造了众多的金融产品，为美国的经济提供各种各样的服务，正是这些服务，使得美国国内的资金像血液一样流入了美国实体经济的各个角落。美国能够长期保持其在高科技领域的优势和经济活力，与美国高科技企业、创业企业高速发展是分不开的。而高科技企业和创业企业快速发展与美国完备的金融体系又密不可分的。正因为华尔街大量的母基金、PE、VC、天使投资人等股权投资机构的存在，为这些具备巨大潜力的高科技企业、创业企业注入了源源不断的资金。像 google、facebook 等，成长过程中一直有投资资金的不断注入。对于美国企业的扩张和兼并，美国也有足够的并购基金给予过桥资金支持，例如 KKR、黑石等。

二、华尔街是美国对外扩张的重要工具

华尔街是美国进行全球扩张的重要工具，也是美国成为全球大国的重要条件。随着全球化的不断推进，资本尤其是金融资本的自由流动更加容易，金融资本在世界事务中所发挥的作用也越来越大。在第一次世界大战和第二次世界大战中，如果没有华尔街所给予的持续的资金支持，英法和德国的战争结局将有可能被改写。当然美国的金融支持也在一定程度上为美国赢得全球大国的地位打下了基础。第二次世界大战以后，美国成为了全球最大的债权国，其他欧洲强国的金融大国地位逐渐衰落，美国的金融强国地位得到了进一步的巩固。后来，随着布雷顿森林体系的建立，美国以华尔街为据点，向全球输出资本，在全球大获其利。美国还通过金融扩张，强化了军事、政治等方面的影响力。现在，美国通过华尔街的金融机构，例如富国、高盛、美林、摩根等，在全球外汇市场、期货市场、股票市场、债券市场发挥着举足轻重的作用，使得美国能够主导全球金融，并进而对全球经济和其他国家政治事务产生重要影响。例如，美国 FBI 近期能对国际足联进行调查，与美国华尔街在全球金融领域的举足轻重的地位是分不开的。

三、华尔街为美国的全球竞争赢得先机

金融业尚处于快速发展阶段，随着互联网和科学技术的发展，金融业对经济和社会的作用也越来越大，金融业在全世界的地位也越来越重要。美国能够拥有华尔街，就能够在金融业的快速发展中赢得先机，并进而确保美国在全球经济领域的主导地

位。中国今天之所以要推进人民币国家化、汇率的自由化以及资本项目可兑换，正是因为中国观察到全球金融的发展趋势，全球金融业将变得越来越开放。中国想不断发展壮大金融业，必须有步骤地开放金融业，使得中国的金融业不断融入全球金融业的发展。虽然中国的这些措施有一定的风险，过程也许会坎坷，进度也许会放缓，但却是必须要完成的事情，因为"封闭只会落后，开放才能进步"。

四、中国需要自己的"华尔街"

中国金融业和美国金融业的差距巨大。2013 年，中国金融业总资产为 30 万亿美元，而美国金融业总资产已经达到了 90 万亿美元。纽约和北京的对比就可以说明这种差距[①]。中国北京的金融街依然只是中国的，而纽约的"金融街"已经是全球的。虽然资本本身是无国界的、是没有主观想法的，但是操纵资本的人是有国籍的、是有自己的主观想法的。金融业作为国家的命脉，不可能独善其身。美国的华尔街危机时刻需要美国政府的支援，例如 2008 年美国金融危机时，政府出手救市。所以，华尔街是不可能完全独立的，它将在一定程度上扮演美国政府所期望的角色。从这个意义上而言，将美国华尔街视为"邪恶力量"是有道理的。华尔街除了本身的贪婪以外（无利不起早），也会在一定程度上贯彻美国政府的意志，遏制中国金融业的崛起。

幸运的是，万事万物终究还是"内因决定外因"，中国的金融业盛衰虽然与华尔街的关联甚大，但关键还是中国经济本身的质量。所以，中国政府一直以来大力推行的"调结构、稳增长"，其实具有长远的战略意义的，中国目前需要一个健康的经济体，以支撑中国金融的快速发展。和华尔街相比，中国的金融业似乎是一个未成年的小孩，在许多方面存在欠缺。然而，小孩必须要长大，回避不能解决问题。中国的金融业必须融入全球，必须直面华尔街的竞争，中国的金融业才有更好的前途。

---

① 纽约最具特色也最有影响的产业是金融业。纽约是全球发展最快的金融中心。纽约金融中心的外汇交易量占全球的 16%，衍生金融工具的成交量占全球 14%，外国债券发行量的市场份额约 34%。纽约的金融业集中在曼哈顿岛南端的华尔街，集中了 3 000 多家金融和保险公司，10 000 多家外国银行和办事处。世界闻名的纽约证券交易所坐落在曼哈顿的华尔街，经营着 2 100 多家美国公司和 30 多家外国企业的股票和国内外债券。纽约外汇市场每天交易量占世界外汇交易量的 17%，仅次于伦敦（27%），是世界第二大外汇市场。纽约已经成为美国乃至全世界的金融中心。2012 年，北京金融街的金融、信息等各类企业有人民银行总行、中国证监会、中国保监会、工商银行总行、建设银行总行等国家级金融机构，以及交通银行北京分行、平安保险北京分公司等市级金融机构共 300 余家，金融街金融机构资产规模已达62.1 万亿元，占到中国金融资产总额近半。根据互联网资料整理。

中国金融业的未来，就在于中国金融业和美国华尔街的竞争，这场竞争也将在一定程度上决定中国金融业可以发展到什么程度，中国经济可以发展到什么程度。中国的金融业目前处于不利地位，但中国金融业有许多的潜力，例如中国的外汇储备充足、居民的储蓄意愿强烈、中国金融机构的风险管理水平和服务水平都处于不断提升的过程。因而随着时势变迁，中国金融业的未来值得期待。

第四节　丝路基金与金融资本的世界

丝路基金的成立无疑和中国的资本输出具有直接的联系，而资本输出与中国建设世界级的金融强国关联甚大。郑永年在《TPP、资本帝国和世界政治的未来》中将资本分为三个阶段：一是资本和王权结合，建立统一的民族国家，以确保形成统一的国内市场；二是剩余资本为了攫取额外的利益，和国家的对外扩张相结合，形成了帝国主义和殖民主义；三是资本开始去"主权国家化"，以更独立、更自主的姿态在世界范围寻求利益。其实资本的第三个阶段就是金融资本，处于第三阶段的世界，也就是本书所认为的金融资本的世界。依然有两个问题需要进一步明确。

一、工业资本和金融资本

首先，是对资本本身进行进一步分类的问题，即关于工业资本和金融资本的问题。郑永年在《TPP、资本帝国和世界政治的未来》文中所提到的第二个阶段，可能更多地属于工业资本阶段。制造业背后的工业资本，在产品出现大量剩余的时候，需要通过扩大市场，抢占市场空间，从而获取盈利。综观19世纪末20世纪初的历史，我们可以发现，帝国主义和殖民主义背后，更多的是掠夺原料、倾销商品，可见，工业资本在这一阶段发挥着巨大的作用。而资本开始去"主权国家化"的阶段，则明显属于金融资本在发挥作用。与工业资本相比，金融资本具有弹性大、流动性强、变现快、没有主权和产权羁绊、无民族文化内涵等特质，金融资本是最冷血最无情也是最纯粹的资本，它摆脱了工业资本所受到的多种牵绊，逐利就成了金融资本的唯一目标，因而金融资本可以实现去"主权国家化"这一可能。由于金融资本不像工业资本一样必须通过有形的方式去世界各国攫取利益，形式多种多样，攫取利益的方式更加隐蔽，难以为大众所察觉，因而受到的抵制更小，更不易引起其他国家的反感。所以，金融资本将取代工业资本统治世界，就目前而言，这种趋势似乎无法逆转。

二、金融资本和国家主权

国家主权的行使可能会通过政党、政府、军队等机构，但国家主权作为一种力量是纯粹的，在不同的国家，这种力量的大小、韧性、持久性有较大的不同。郑永年在文中认为，金融资本能够实现去"主权国家化"。这样的时代或许在200年以后、300年以后会到来，但未来是未知的。谋求独立和自主的金融资本将会成为世界政治经济格局中的重要力量，这种力量在国际竞争日趋激烈的未来将会更加重要。金融资本作为一种独立的力量，即使难以和主权国家并驾齐驱，也将在全球政治经济博弈中具有重大影响力。金融资本的影响力只能建立在现代化的全球治理秩序的基础之上。目前，并不具备这样的条件，金融资本依然是主权国家的附庸。另一方面，金融资本又可以分为私人金融资本和国家金融资本，在中国"一带一路"的建设过程中，中国的国家金融资本在中国日益强大的主权力量的庇护下，开始走出国门，去获取金融资本的果实。

三、"一带一路"的深谋远虑

中国目前大力推进的"一带一路"包含的内容非常丰富，包括最简单的产品输出和劳务输出、技术输出，以及工业资本输出、金融资本输出。为确保"一带一路"有足够的资本支持，中国成立了300亿美金的"丝路基金"①。"丝路基金"不是封

---

① 丝路基金是由中国外汇储备、中国投资有限责任公司、中国进出口银行、国家开发银行共同出资，依照《中华人民共和国公司法》，按照市场化、国际化、专业化原则设立的中长期开发投资基金，重点是在"一带一路"发展进程中寻找投资机会并提供相应的投融资服务。首期资本金100亿美元中，外汇储备通过其投资平台出资65亿美元，中投、进出口银行、国开行亦分别出资15亿、15亿和5亿美元。2014年12月29日，丝路基金有限责任公司在北京注册成立，并正式开始运行金琦出任公司董事长丝路基金可以看作PE（私募基金），但比一般PE回收期限要放得更长一些。丝路基金与亚投行之间不同在于，亚投行是政府间的亚洲区域多边开发机构，在其框架下，各成员国都要出资，且以贷款业务为主。而丝路基金，由于其类似PE的属性，主要针对有资金且想投资的主体加入，且股权投资可能占更大比重。丝路基金投资期限比较长，但是追求效益和回报的，不含有外援性或捐赠性的资金来源。丝路基金投资方向为有战略意义的中长期项目，同时，股权投资基金也可以和别的融资模式相配合。在"一带一路"大发展的背景下，需要将一些可以做出中长期承诺的资金，用于"一带一路"有关的项目和能力建设，包括相关产业行业的发展，也包括通信、道路等基础设施建设。丝路基金将秉承商业化运作、互利共赢、开放包容的理念，尊重国际经济金融规则，通过以股权为主的多种市场化方式，投资于基础设施、资源开发、产业合作、金融合作等领域，促进共同发展、共同繁荣，实现合理的财务收益和中长期可持续发展。基金在运行中一贯强调"市场化、国际化、专业化"方向以及"对接、效益、合作、开放"原则。根据互联网资料整理。

闭的，能够广泛地接纳国家金融资本和民间金融资本。这样的设计意味着，如果"一带一路"项目有需要，中国可以调动大量的金融资本对"一带一路"予以支持。毫无疑问，这样的设计恰好暗含了对全球趋势的精准把握。如果说"一带一路"仅仅是处于起步，那么"丝路基金"就是一个良好的尝试。根据媒体的报道，丝路基金的第一个项目落户在巴基斯坦。中国和巴基斯坦"好基友"的关系众所周知，丝路基金首个项目落户在巴基斯坦，象征意义巨大。也在一定程度上说明了丝路基金对国家金融政策的贯彻。中国在金融资本发展方面布局长远，然而实施起来却不容易。全球金融的主导权掌握在美国手中，美国对于中国金融资本的崛起会设置重重阻碍。所以，在全球大国的争夺中，中美对于世界金融资本主导权的争夺也将非常激烈。

四、金融资本决定未来

金融资本是未来生产力的高地。"金融是现代经济的核心"，金融是经济的命脉所系。如果将经济比喻为人，那么金融就是人的血液，血液出了问题，人不可能完好无缺。特别是随着金融业和其他虚拟经济的快速发展，金融业在现代经济中的作用越来越大，谁控制了全球金融资本，谁就能够主导全球经济。金融资本处于经济链条的最上端，具有最大的话语权，因而其获取的利益也最大。就中国而言，最挣钱的是金融业。在美国而言，最挣钱的是华尔街。一般而言，哪个领域利润最丰厚，就说明这个领域在整个经济中具有非常大的话语权，不然不可能获取如此多的利润。

金融资本的影响力越来越大。全球的游资和热钱很多，中国也正在逐步开始资本项目可兑换的进程，这些趋势预示着金融资本可能比坚船利炮更加危险。金融资本将影响一个国家的汇率、利率、物价、股票市场、就业市场，这些都和老百姓的生活息息相关，金融资本的变动甚至能够左右一个国家的兴衰。近年来中国一直在推进"大众创业、万众创新"，创新和创业都需要资金的支持，需要 VC、PE、天使投资人的支持，实际上最终都需要金融资本的支持。金融资本本身构造了一个庞大的市场。"金融脱媒"在中国经济的语境中具有一定的贬义。然而"金融脱媒"这个趋势并不会随着社会的褒贬而兴衰，金融资本既然可以输血实体经济，那么它本身所构造的衍生品市场也同样可以脱离实体经济而形成独立的市场。

金融资本对于经济贸易的发展至关重要。世界贸易不仅仅是以物换钱这样简单。以大宗商品为例，许多发达国家并不出口也不进口大宗商品，然而它们却在世界的大宗商品交易中获利颇丰。例如美国的投行高盛正是依靠金融资本使用买空卖空这一首段在全球大宗商品市场中获取了大量利益。现在全球大宗商品的期货市场基本被美国和西欧所控制，它们凭借对全球金融资本的有力掌控，通过买进卖出，拥有了对大宗商品价格的定价权，而中国这样的大宗商品的真正进口国反而缺乏有力的定价权。金融资本从实体经济的配角，一跃成为实体经济的主导者，恰恰说明了金融资本对经济贸易的重要性和金融资本的可怕。因而，对于金融资本，中国万万不能掉以轻心，必须将发展和控制金融资本摆在非常重要的地位。

为了确保中国金融业的安全与发展，中国金融业的对外开放非常慎重，中国的国家金融资本和民间金融资本也较少进入世界各地。随着人民币重要性的不断提升，以及中国对金融资本的重视，中国金融资本必须"走出去"，中国的金融资本才能在全球金融资本领域保持一定的地位。经济贸易和金融资本的作用是相互的，经济贸易的发展也能够在一定程度上促进金融资本的发展。美国金融资本之所以发达，正是因为美国的经济贸易在全球领先已久，为美国金融资本的发展奠定了坚实的基础。虽然中美在金融资本领域的差距虽然大，但只要中国保持经济贸易的不断发展，中国在可预计的未来和美国在金融资本领域进行较量的潜力依然具备。金融资本是近几十年来出现的新事物，美国金融资本在全球并没有占据绝对的主导地位，主权国家基金以及主权色彩相对淡薄的私人金融资本在全球的影响力也非常大，因而，美国在金融资本领域对中国的打压将是有限的，中国金融资本发展的关键，将是中国经济贸易的可持续发展能力以及中国政府在发展金融资本方面的决心和政策。

第三章　军事实力：中国崛起的重点

第一节　从南海开始

南海①从来没有像今天一样获得如此多的关注，南海在四十年前还是一片安静。随着海洋开发技术的不断发展，全球的发展重心逐渐向海洋转移，南海巨大的油气资源利益和重要的战略地位，使得中国、日本、美国、菲律宾、越南、印度尼西亚都在南海边上摩拳擦掌。

一、中国需加快开发南海

海南大学政治与公共管理学院院长安应民在《论南海争议区域油气资源共同开发的模式选择》一文中指出，越南在中越争议海域年产油量已达 800 万吨，占越南 3 000 万吨年产油量的 27%。截至 2008 年，越南已从南沙开采了逾 1 亿吨石油、1.5 万亿立方米天然气，获利 250 多亿美元。据越南海关统计，2011 年，越南原油出口达 824 万吨，增长 3.3%，出口额 72.4 亿美元，增长 46.1%。中国是越南原油第三大出口市场，2011 年，越南对中国出口原油 125 万吨，增长 111%。据"全球安全组织"

---

① 南海，又称南中国海，遍布大小岛屿，包括东沙、西沙、中沙及南沙群岛。南海四大群岛中，西沙、中沙群岛被中国实际控制，东沙群岛由中国台湾控制，而南沙群岛的情况复杂得多：越南非法占据了南沙西部海域，菲律宾非法占据了南沙东北部海域，马来西亚非法占据南沙西南部海域。南沙群岛陆地面积虽然只有 2 平方千米，但是整个海域面积达 823 000 平方千米，而且地理位置非常重要。南沙群岛地处越南金兰湾和菲律宾苏比克湾两大海军基地之间，战略位置十分重要，扼西太平洋至印度洋海上交通要冲，通往非洲和欧洲的咽喉要道。在南沙群岛中，属于中国控制的只有 9 个，其中中国大陆占 8 个，中国台湾占 1 个，而被越南、菲律宾、马来西亚、印度尼西亚和文莱所占的却多达 45 个。根据互联网资料整理。

网站的数据，各国在南海的石油产量分别是：马来西亚 64.5 万桶 / 日，中国 29 万桶 / 日，越南 18 万桶 / 日，印度尼西亚 4.6 万桶 / 日，各国合计 136.7 万桶 / 日。天然气也是马来西亚最多，年产 1 300bcf（1bcf 为十亿立方英尺，1 立方英尺 ≈ 0.028 立方米），占到南海目前天然气总开采量的一半以上，而中国只有 141bcf。

二、南海重要的战略价值

南海对中美日等国都有较大的战略价值，中国通过南海往西的海运占中国对外贸易出口的 50% 以上，南海是中国华南地区的战略屏障，中国最重要的经济圈之一——珠三角经济圈，就完全展露在南海的前面，加之南海石油气资源丰富，所以对中国而言意义重大。对美国而言，南海是遏制中国第一岛链的重要一环，如果中国在南海取得了较大优势，那么中国将极大提升对东南亚国家的影响力，这是美国最不愿意见到的。所以，南海是中美全球大国竞争的重要战场。对日本而言，南海是日本西向贸易的必经之地，特别是日本对外依存度如此之高，南海对于日本的战略意义不言自明。只是日本苦于距离太远，军力不足，因而只能凭借美国的干涉而兴风作浪。至于南海周边的小国，由于国力和军力的限制，加之中国纵横捭阖的外交政策的影响，它们对南海局势的影响力有限。所以，南海局势的关键是中美的较量。

三、中美的南海博弈

美国"重返亚太"的关键战略支撑点是南海，所以美国将会在南海问题上不遗余力地搅局，但美国是否做好了在南海和中国直接发生武装冲突的准备尚难判断。可以肯定的是美国和中国在南海的武装冲突将会对全球经济产生灾难性的后果，这将是中美两国都不愿意发生的局面。

在经济实力和军事实力方面，中国远不是美国的对手，如果美国想在幕后推波助澜，那么中国应该把握这个机会，大力发展海军，继续建设人工岛，形成对南海事实占有的状态。南海的特性，决定了争夺南海的关键在海军，辽宁舰等航空母舰的建设意义重大。南海是中国的近海，如果中国不能在南海博弈中赢得胜利，那么中国全球大国的道路将会更加坎坷。"有备无患"，中国应该做好短期在南海发生军事冲突的准备，从战略、装备、人员、训练等方面做好各项准备。随着中国结束在南海的扩建岛礁行动，美国对于中国南海的关注度也逐渐下降。但从长远来看，南海问题并没有得到有效的解决，南海问题也会持续发酵，最后，中美关于南海问题仍然将会有一系列的博弈。

作为中美在海权控制上的主要角力点，南海问题最后的解决情况无疑将具有象征性意义。南海问题越往后拖延越有利于中国。因为中国的军事实力还有很大的发展空间。随着时间的推移，中国的军力将不断增长，中国对南海的军事威慑力也将持续上升，能够为中国在南海问题上的谈判提供直接的底气。相反，对于美国而言，重返亚太虽然是一个美好的规划，但是美国目前军事实力覆盖的范围太广，美国在全球的军力分布使得它对于亚太的布防不可能太多。并且，中国目前进行的"一带一路"建设等，将会在一定程度上促进新兴国家的进一步发展，也能在一定程度上牵制美国。

总体而言，中国目前在南海问题的解决上必须保持一定的克制态度，时间是中国最大的武器。随着中国军事实力的不断增长，中国不仅有能力在南海进行必要的军事威慑，还能直接采取军事手段对于侵犯九段线的相关国家进行制裁。南海作为中国的近海，中国既有必要也有能力在南海问题上倾注足够多的热情与实力。与此相反，美国仅仅将南海视为牵制中国的一个工具，并且美国本土离南海距离十分远，美国在南海问题上倾注热情和实力的必要性以及能力远远低于中国。中国只需要在南海问题上戒急用忍，采取有节制的防护措施，待到中国的崛起进行到一定程度的时候，中国可以从实质上完成对南海的全面掌控。

第二节 吉布提军港和中国的海权

有媒体报道称，中国正就在具有战略意义的吉布提港口建立军事基地与吉布提进行磋商，这有可能使美国和中国在这个非洲之角小国的基地并肩存在。事实上，2014 年 5 月，中国国防部长常万全就首次访问了吉布提，其间双方可能谈到了军事基地的问题。2015 年 5 月媒体炒作的"潜在中国军事基地"也在吉布提。而更早之前，2012 年底招商局国际子公司以 1.85 亿美元入股该国首都吉布提港，另外，2014 年 8 月，中国建筑中标吉布提港多哈雷码头一期工程，合同金额 4.2 亿美元。

综上所述，中国应当已经获得了在吉布提进行军港建设的权力，这是中国"走出去"的一小步，却是中国海权建设的一大步。作为一个大陆国家，中国对海权的重视太晚了。

一、海权与中国历史

有必要对海权的具体定义进行阐释。英国海权学家蒂尔认为"海权是一个国家在海上或者自海上影响其他国家行为的能力"，海权取决于一个国家的地理环境、领土幅员、人口、军事实力等。强大的海权是一个拥有巨大对外贸易国家所必须具备的要件，不然，巨大对外贸易将会非常容易处于危险的境地，一旦遭遇敌对国家的封锁，这个国家的所有对外贸易将成为空中楼阁。如果敌对国家和中国拥有较大的对外贸易量，对中国的封锁也会对自身造成一定的损失，但中国的损失将更大，并且中国将失去对抗中的主动权。无论如何，大国受制于人，尤其是在对外贸易的安全问题上受制于人，并不是一件令人开心的事情。

中国的历朝历代一直面临着更多的陆上威胁，从秦始皇修建长城开始，历朝历代的军事重点是应对北方游牧民族的侵略。中原王朝在和北方游牧民族的竞争中屡屡失利，亡师丧土的事情时有发生。汉高祖的白登之围，明英宗的土木堡之变，说明来自草原的威胁一直是中原王朝的心腹大患。在许多中国人的传统观念中进行陆上军事力量的建设似乎更符合中国的利益。

事实上，从明朝开始，中国就面临着越来越多的海上威胁。先是倭寇[①]对东南沿海的侵扰，明朝在对倭寇的应对上虽然有一定的成绩，但庞大的王朝历经多年、调集大量人力物力、遭受了巨大损失，才消灭倭寇，说明了明朝海军实力的虚弱。三百年后，当英国的坚船大炮再次叩响清王朝大门的时候，历史悲剧再度重演。人口近四亿、常备军近百万的国家在面对英国不到两万人的军队时束手无策，当时，中国就应该反思一直以来的军事重点。

二、中国需要海权

中国对海权的态度可以分为两个阶段。在吉布提军港建设之前，中国对海权的控制是被动性的，而在吉布提军港建设之后，中国对海权的控制开始逐渐主动。鸦片战争之前，海权并不是一个大的问题，虽然倭寇入侵使明王朝非常困扰，但掠夺

[①] 明朝倭寇主要是从事中日贸易的中国人，日本浪人较少，《明史》称："大抵真倭十之二三，从者十之七八。"倭寇一般指 13—16 世纪，以琉球、台湾为基地，活跃于中国东南沿岸的海上入侵者，曾经被归于海盗之类，但实际上其抢掠对象并不是船只，而是陆上城市。根据互联网资料整理。

式的、海盗式的海上侵略行为是难以持久的，他们缺乏长期的动力对中国的沿海进行侵略。在明王朝断断续续的抵抗之下，这种侵略是高成本的，倭寇在侵占每一个城市、抢夺每一件侵略品时，都要付出相应的代价。倭寇最后会发现，在缺乏足够的国家力量和商业动机的情况下，他们的侵略是没有希望的。倭寇入侵带给中国的损失是巨大的，中国的沿海省份被灾十分严重，平民和军队的损伤惨重，所以，倭寇其实做的是"损人不利己"的蠢事。鸦片战争①以后，中国被迫重视海权。因为西方的列强开始将它们的侵略触角延伸到中国这个古老的国度。"重农抑商"的中国不得不面对"推崇商业"的西方列强。

鸦片战争的结局说明，中国对海权的重视太晚了，清王朝长期以来所依赖的近海防御体系和大清水师形同虚设。英国海军可以从辽阔的中国海岸线的许多地点发起攻击，长期不重视海权导致了海军实力的巨大差距，在海军的战略思想、作战技术、武器装备、人员训练的方面，中英的差距都十分巨大。历史的实践再一次证明，强大的陆上大国也不能缺乏海权。清王朝花费巨大的精力和财富组建了北洋水师、南洋水师和福建水师这三支队伍。这种组建海军的努力在当时看起来是欣欣向荣的，然而马尾之战和甲午中日战争的惨败，打破了中国水师建设的虚假繁荣，中国被动发展海权的道路遭遇到了重大的挫折。

吉布提军港的建设开始改变这一切。中国对海权的渴求从被动开始走向主动。中国逐渐认识到，随着中国国际地位的提升和对外经济贸易的发展，中国的海权需要得到相应的扩张，中国的海军应当从近海防御转向远洋控制。蒂尔认为，现代海军的使命至少包括"海上控制、远征行动"等，而这些使命的最直接的受益者应当是国家的商业活动。现代海军还承担着一定的应急功能，一旦发生意外，例如海上封锁等，海军必须能够保证对外经济贸易的安全。显然，中国目前还不具备这样的海军实力。2013 年，中国工业增加值从 28 274 亿元增加到 249 684 亿元，200 多种主要工业产品产量居世界第一；进出口贸易总额为 4.16 万亿美元，居全球第一。但中国的海军实力相比美国的海军实力依然差异巨大。中国人民解放军海军现役军人约 24 万人，舰船 300 余艘，飞机 600 余架。美国海军约 50 万现役和预备役军人、

---

① 第一次鸦片战争发生在中国东南沿海，参战方兵力英国军队 19 000 人参战方兵力清朝军队 91 680—200 000 人。伤亡情况为英国伤亡 523 人（阵亡 69 人），中国伤亡 22 790 人，第一次鸦片战争后，中国开始沦为半殖民地半封建社会。第二次鸦片战争发生在 1856—1860 年，参战方包括清朝、英国、法国、沙俄（以调停名义）、美国（以调停名义），参战方兵力为列强联军 17 700 人、173 艘军舰，清军约 200 000 人，伤亡情况为联军 405 人伤亡，清军 21 500 人伤亡。根据互联网资料整理。

279 艘现役军舰和 4 000 架飞机，是目前世界上规模最庞大、吨位最高、装备最先进、总体实力远超于其他国家的世界上最强的海军。美国海军的航空母舰全部为核动力多用途航母，即尼米兹级核动力航空母舰 10 艘。吉布提军港的建设只是中国海军走向与中国对外经济贸易地位相应的第一步，在海权方面，中国未来依然有非常长的路要走。

三、路漫漫其修远兮

陆上大国试图掌握更多海权的例子，很多是以失败结局。一是因为海权的发展有自身的规律。海权的发展是海洋良性循环体系的一部分，这个循环包括海上贸易、海洋资源、海军实力、海上优势，真正的海洋大国才能够建立持久的海权优势、海军优势。而海军大国并不一定能够建立长期的海洋优势。海上贸易是海权的基础，海权是海上贸易的保障。法国海军部长德拉纳桑曾经试图将法国变成伟大的海洋大国，然而他仅仅是将法国变成了海军大国，法国离海洋大国还有很大的差距。简而言之，建设强大的海权，不仅需要强大的海军，还需要繁荣的对外贸易以及重视发展海洋的文化传统。陆上大国建设海权容易失败的第二个原因是，陆上大国往往是海洋大国中的后起之秀，它们的发展会遭到海洋大国的打压，海洋大国经年累月所建立起来的海权优势在短期内是难以撼动的。

海权是中美竞争不可回避的重点，是经济贸易中美全球大国竞争的基础。经济贸易之间的竞争，核心是对外贸易，对外贸易持续繁荣的关键，又在海权。中国不可一日无对外贸易，中国也就不可一日无海权。中国的海权扩张将会遭到美国的全面压制，美国最近的重返亚太，压制中国为主要目标。在这样的国际环境下，中国的海权扩张将会走上一条"不断试探，逐步发展"的道路。

中国获准在吉布提进行军港建设，并不意味着中国在海权方面取得了进展，更不意味着中国的海外扩张走上了征途。吉布提军港更多的是一种象征意义，它意味着中国在与美国的全球竞争中，在美国的重重监视下迈出了第一步。有第一步才能迈出第二步，我们依然满怀信心地期待，中国在发展海权的道路上能走得更远、走得更好。

第三节　日俄战争与中国必要的军事防备

笔者一直认为中美的百年竞争主要将以和平、文明的竞争手段为主，像《大国政治的悲剧》中所认为的中美必将发生一战的提法，笔者以为值得商榷，中美未必有着不可避免的战争。然而，世界形势的发展往往风云突起，异常诡异，中美的百年竞争将走到哪个阶段，竞争会激励到何种程度，冲突会达到何种程度，都是未知的。中美之间既有可能发生战争，也有可能不发生战争，并没有必然之说。"未雨绸缪"，既然中美存在着发生战争的可能，那么中国就应该进行必要的战争准备，以防患于未然，正所谓有备无患。

一、俄罗斯的惨痛教训

在论述中国进行必要的战争准备之前，有必要先提及日俄战争。1904 年，欧洲的老牌大国俄罗斯和亚洲的后起之秀日本爆发了一场战争，这场战争包括海战和陆战，令人惊讶的是，看似实力强大的俄罗斯居然被岛国日本打得大败。俄罗斯战败的结局令整个欧洲的舆论哗然，欧洲的主要报纸都表示日俄战争的结局令人难以置信。事实胜于雄辩，战败就是战败，俄罗斯作为日俄战争失败者的角色已经注定，俄罗斯只能在 1939 年凭借苏联红军的超强战力再雪前耻。这场战争之后，俄罗斯帝国进一步滑向了崩溃的深渊，而岛国日本则信心大增，走向了进一步的扩张之路，其军事实力在后续三十年里得到了膨胀式发展。回顾这场发生在一百余年前的战争，貌似强大的俄罗斯败给了勇猛精进的日本，其实是有迹可循的。

首先，俄罗斯对于战争的发生以及战争的规模估计不足，换句话说，就是俄罗斯没有做好战争的准备。日俄战争爆发时，俄罗斯在旅顺的港口尚未修缮完全，许多炮台处于半完工状态，而俄罗斯参战海军的一大部分舰艇还在跋涉万里赶来参战的路上。俄罗斯能够依仗的陆军则还在西伯利亚大平原上艰难地转运。当时西伯利亚大铁路还没有完全畅通，俄罗斯军队的军用物资需要从俄罗斯的欧洲地区运到远东，转运的困难显而易见。如此仓促的战争准备，俄罗斯最后失败也是情理之中。日本则不同，日本在战争爆发前已经斥巨资购买了大批军舰，组成了日本的海军主力"六六舰队"，日本海军还进行了战争前的编组和相应的训练，准备充分。日本陆军则进行了国内的军事动员，一旦日俄战争爆发，即准备扑向中国东北。战争尚未开始，俄罗斯已经失败了，"兵马未动，粮草先行"，说的正是这个道理。

其次，俄罗斯的外交准备严重不足。俄罗斯在战争前已经失去了欧洲诸多盟友的支持。俄罗斯对中国不断膨胀的野心引发了英法等国的不满，因而英法等国对日俄战争中的俄罗斯并未予以支持，相反，英国还坚定地站在了日本这边，动用资源支持日本参与日俄战争。俄罗斯这熊在日俄战争中是个彻头彻尾的"笨熊"。加之俄罗斯的战略失误、武器装备陈旧、官兵训练不足等原因，俄罗斯最终在这场战争中惨败，俄罗斯的太平洋舰队几乎全军覆灭，俄罗斯也丧失了对中国东北的控制权。更严重的是，这场战争进一步加深了俄罗斯的国内矛盾，打击了俄罗斯民众的民族自信心，俄罗斯帝国覆灭已为时不远。

二、"温言在口、大棒在手"

日俄战争已经远去，但是日俄战争所带来的关于战争的思考却值得继续回味。战争本身不是目的，但是战争却能够实现目的，并且在国际关系中，战争是实现目的最直接、最快捷的手段。中国在走向全球大国的路上，不可避免地将会使用到军事力量，或者至少通过军事威慑来完成国家目标。实际上，中国目前最大的对手美国，非常重视军事手段的使用。美国第十七任总统西奥多·罗斯福曾说"温言在口、大棒在手，则成就非凡"，颇具牛仔风范的美国大叔非常清醒地认识到了军事手段的作用，一直以来都将军事手段的使用作为实现美国意志的重要手段。美国近年来发动的数场战争无疑都是美国这一根深蒂固思想的生动体现。美国对于中国的崛起，也一直非常注重通过军事手段进行遏制。美国的国防蓝皮书以及海军的作战手册里，都直接或间接地体现了美国对于中国的军事准备。目前，美国在亚太不断增强的军事部署，其主要目的就是对中国进行"必要"的军事防范。美国的这种行为说明美国已经做好了和中国发生战争的准备，即使这种准备只是初步的。

"来而不往非礼也"，历史的经验、美国的举措以及大国竞争的残酷告诫我们，中国进行适当的战争准备已经是理所当然、箭在弦上。

三、中国的必要防备

中国的准备应当包括三方面。首先，中国应当在国家战略上进行准备。"思想是行动的先导"，中国必须在国家战略上正视中美发生战争，或者发生代理人战争的可能性，并进而认识到战争临近的危险性。中国应当做好石油、有色金融、粮食等物资的储备，同时，不断加强国防建设，进行相应的演习，普及相应的军事知识，保证中国在战争来临之时储备充足。其次，中国应当在外交上做好争取工作，积极提升国家形象，尽力避免与周边国家不必要的纠纷，积极与利益相关、志同道合的国家建立友好关系，巩固和俄罗斯、欧盟等的良好关系。简而言之，就是争取"更多的朋友"，以防战争之时被美国孤立。最后，也是最关键的，应当完成全军的思想大转变。树立能够即时进行战争，并能打赢一场或两场局部战争的思想。应当大力发展海军和空军，加大军事投入，保持军费在 GDP 中的合理比例。同时，加大对战略战术、武器装备创新的支持，加大与高等院校及高新技术企业的合作，使得中国军队的战略战术水平以及武器装备水平尽快赶上甚至超过美军。

"以战止战"是美国军队向来信奉的一个重要信条。中国进行必要的战争准备，既是为了应对在中国崛起过程中的各种风险，也是为了制止更大的战争的发生。新中国成立以来，经历了多次战争，中国在防战备战方面也做了许多的工作，例如人防工程、三线建设等。但当时的备战和将来的备战是不一样的，当时的备战主要是立足于防止外敌入侵，未来的备战更多的是为了保护中国在海外的利益和影响力不被侵犯。因而未来中国的备战将更加复杂，难度也会更大，需要动员的力量也会更多，需要采取的方式也会有所不同。中国需要从现在开始，更好地认识到这一问题，积极进行中国崛起的军事准备。

第四节　历史投影：甲午中日战争① 的启示

喧嚣的南海，交织的利益争斗，背后的大国角逐，复杂诡谲的形势，仿佛一切又回到了 114 年前的黄海。那场突如其来的战争奠定了日本的最终崛起和中国的长

---

① 甲午中日战争（日本称日清战争，朝鲜半岛称清日战争，其他国家称第一次中日战争），发生在朝鲜半岛、辽东半岛、山东威海、黄海北部。战争时间为，1894 年 7 月 25 日—1895 年 4 月 17 日。参战方兵力为清军 630 000 人，日军 240 616 人，伤亡情况为清军 31 500 人阵亡日军 13 306 人死伤（1 132 人阵亡）。根据互联网资料整理。

期衰落，成为日本长期炫耀的资本。这样的场景不会在今天的南海上演，因为中国的角色已经发生了转变。如果我们期望中国能够崛起，期待中国能够在南海的纷争中最后取胜，我们应该重新审视甲午中日战争，像日本人当年学习中华文化一样，以谦卑的心态，尽力汲取日本在这场战争中的思想和策略。

一、对战争性质的再认识

在反省甲午中日战争之前，应当对战争的性质进行讨论，以使我们理性地看待甲午中日战争。许多民众认为中国崛起并不一定非要通过战争，大可以通过纵横捭阖、唾沫横飞的外交场合解决。人心思安，中国和平崛起当然最好，战争确实太残酷，往往会造成"横尸百万"、"白骨成堆"的惨痛结局。中国历来尚行儒家的"礼教"思想，不仅主张以"礼教治理天下"，还主张以"礼待外夷"。不论从理智上，还是情感上，现代的中国人对战争都有着本能的排斥。实际上，我们需要从另外一个角度来看待战争。到20世纪80年代，在有文字记载的3 500多年的时间里，世界上共发生过14 531次战争。这个数字说明，战争不是人类所能回避的。我们需要思考战争，就像我们需要认识自己一样，战争是人类生存的副产品。

有学者将战争分为正义的战争和非正义的战争，这是基于价值判断的分类。战争的分类有许多种，每一种分类都代表着对战争性质的不同认知。正义与非正义之间往往是一种反侵略和侵略的关系，当人类进入21世纪后，许多主权国家之间不再存在反侵略和侵略的关系，或许我们对战争的分类也应该换一个视角，将战争分为"必要的战争"和"非必要的战争"。非必要的战争是指战争的发生纯粹是以反人类、反社会为动机，往往极端疯狂，不惜代价，灭绝人性。例如说二战中德国发动的一系列战争，日本发动的侵华战争等。这种战争的发起人往往是为了一个不可能达到的目标，以近乎狂热的思想为指引，破坏人类的文明进程，例如德国人的"种族思想"，日本人的"大东亚共荣圈"。必要的战争是指有限度的战争，是一方主体为了自身的必要利益，发动的扩大本国战略生存空间的合理战争。这种战争往往发生在国家的崛起过程中。由于旧的不平等的利益格局限制了这个国家的发展，在丛林法则的影响下，崛起的国家往往会在其他方式无法奏效的情况下，发动一场理性的战争来达到最终的目的。例如19世纪的普法战争。简而言之，在必要战争中，战争是一种无可奈何的手段。

二、"以战止战"

有一个问题必须申明，那就是必须防止战争由必要战争转为不必要的战争，一个国家在成为必要战争的赢家之后，贪欲会膨胀，甚至不顾一切发动不必要的战争。当然，在现代普世价值得到普遍承认、各主权国家实力互相掣肘的情况下，从必要战争转为不必要的战争十分困难。就像美国不可能因为打下了伊拉克就去吞并整个阿拉伯，这是全世界都无法接受的。

那么，战争的本来面目是什么呢？战争不是魔鬼，只是有可能成为魔鬼。让战争不成为魔鬼的唯一手段是我们能够正确的地战争的性质并掌握它。既不对它心存依赖，也不对它心存排斥。一旦必要，便有拾起武器进行战争的勇气和决心。只要人类存在的一天，只要人类的争端不息，作为解决争端的最高方式，战争都是任何一个民族不能放弃的工具，特别是对崛起中的国家而言。必要的战争无疑会产生仇恨，但是时间会替它消磨一切。必要的战争无疑需要代价，但是这种代价是有价值的。必要的战争无疑会造成纠纷，但总比人类的仇恨无处排解要好。人类就像个人一样，有了仇恨就应该找到一定方式宣泄，如果郁结于心，迟早会造成矛盾的总爆发，那时就更难力挽狂澜了。

三、甲午中日战争的教训

甲午中日战争的结局让所有中国人痛恨了一百年余年。可事实是我们败了，这是永远都无法挽回的。很长时间，我们依然会用仇恨的眼光来看待这场写满了中国耻辱的战争，为什么被称为"亚洲第一"的北洋水师输给了日本？我们往往将责任归咎到清王朝的腐败无能。可是，当我们取下有色眼镜，会不会发现日本人在这场战争中的"聪明"，而中国其实在战争开始之前就已经失败了！

1868年，日本明治维新，国力迅速增长，军队近代化也初步完成。不管是朝鲜问题还是海域问题，崛起中的日本感觉到已经没落的清王朝对自身的处处掣肘，日本占不到半点便宜。在通过外交以及其他途径的各种尝试后，日本发现自身在清王朝面前依然只是一小个子，这是长期的历史原因造成的，不是一两次谈判和小冲突所能解决的。于是，急于强大的日本开始了自己的军事准备，它知道崛起必须依靠战争完成。除了战争，没有任何手段能够扭转中日在亚洲的战略格局。当然，日本确实是在冒险。有位英国历史学家就说过"甲午战争中，中国失败了，是因为中国不懂海战。日本胜利了，也是因为日本不懂海战"。面对着"亚洲第一"的中国海军，日本敢于挑起战争，不能不佩服日本人的勇气。

因循守旧的清朝却对此一无所觉。作为北洋大臣的李鸿章，受儒家义理思想影响太深，总觉得对外战争是能够避免的，大家都会按规矩办事。只要自己做出适当的让步，什么问题都能解决。正是他的这种过分"实诚"的态度让日本人摸清了中国的底牌，日本大力扩军备战，一步步赢得了战争的先机。战争发生后，面对着全力以赴的日本军队，没有做好充分准备的大清国乱成一团，节节败退，连"亚洲第一"的水师都全军覆灭。这场战争使中国与日本的差距至少扩大了 30 年，并奠定了东亚半个世纪的外交格局。遗毒之深实在不是战争遗留的仇恨所能完全诠释的。

四、必不可少的备战意识

当然这是一个反例，但至少说明一个国力急剧上升的国家应该做好战争的准备。不管是为了抵御他国的干涉还是去争取自己的合法利益，战争都是可能的手段。这些年来，中国没有输在"发展"上，更不能输在战争上。输在发展上，十年二十年还能弥补，但是一旦输在战争上，就只能承认既有的事实，一个民族就可能卑躬屈膝上百年，几十年的发展成果就会付诸东流。

甲午中日战争进行了将近一年。但是甲午战争真正就只是中日交战的那段时间吗？当然不是。战争是一连串的事件，甲午中日战争在日本早就开始了，因为他们的领导层早就有了战争意识，他们费尽心机地谋划了这么长的时间就是因为他们看准了大清国的问题所在。在我们蔑视日本人的狡猾时，也不得不佩服他们真正读懂了孙子"知己知彼，百战不殆"的思想。如果日本不发动后续的侵华战争，自取灭亡。从国家崛起的角度来看，甲午中日战争对于日本是一场成功的局部战争。日本通过这场战争打败了亚洲第一的国家，使得中国一蹶不振，它顺理成章地成了亚洲的领导者。同时，这场战争也震慑了西方国家，使得它们对日本刮目相看，不敢再对日本动手动脚，为日本赢得了国际生存空间。另外，日本从中国获得了大量的赔款和土地，这似乎是举中国之力来发展日本^①。

国际关系中，最终的失败往往都是战争上的失败造成的，忘战必危，言犹在耳，中国在此次崛起中切不可忘记甲午中日战争的教训。虽然，日本已经不太可能再成为中国有力的对手，但是中国崛起的道路上仍然会遭遇到比日本更加强大的竞争对手，所以中国应当做好更充足的准备，以应对可能发生的冲突。

第五节　关于世界的空间秩序

除了陆地与海洋，中美关于全球大国的竞争还可能发生在其他更加广阔的地方，例如太空、网络空间等。空间秩序可能超乎我们的想象，或许需要引用施密特在《陆地与海洋》中的一些观点。施密特是德国的著名学者，施密特在《陆地与海洋》中说："人有一种空间意识，这种空间意识受制于巨大的历史变动，不同的空间对应于不同的生活方式……每当新的国家和海洋由于某种新能量的释放而出现在人们的视野中，历史存在的各种空间也会相应地改变自身。这就形成了政治——历史行动中的新尺度，新维度，新经济，新秩序，以及一个崭新民族或再生民族的新秩序。"这是施密特对空间秩序形成的基本观点，其中自然隐含着德意志要在第二次空间革命中领导世界的论调。

一、能否重建空间秩序？

《陆地与海洋》中最重要的不是施密特对世界空间秩序的论述，而是他的论述背后所包含的重构整个世界的想法。施密特一再强调"海洋与人的关系发生了根本的变化……既然取消了英国海上霸权的这个基础，也就取消了迄今为止的大陆法"。英国海洋霸权的建立是基于英国人与海洋的纯粹性关系，而今，在施密特看来，机器的出现已经使得英国人与海洋的关系发生了质的变化，因而英国人没有理由继续保持海上霸权的地位。同时，结合施密特的《国家主权与自由的海洋》中提到的陆

---

① 甲午一战，日本成为亚洲的暴发户。战争赔款二亿三千万两库平银；舰艇等战利品价值也值一亿多日元。而当时日本政府的年度财政收入只有八千万日元。当时的日本外务大臣高兴地说："在这笔赔款以前，根本没有料到会有好几亿元，全部收入只有八千万日元。所以，一想到现在有三亿五千万元滚滚而来，无论政府还是私人都顿觉无比的富裕。"占领朝鲜、台湾后，在战略上对东北、华东构成了直接威胁，成为进攻中国大陆的跳板。日本第一次尝到了侵略的甜头，极大地刺激了他们侵略领土的欲望。根据互联网资料整理。

地上的霸权——国家主权的性质，即国家主权也不过是几个世纪前的产物，是为了摆脱教派间的内争而出现的一种法律概念，所以大陆法更没有存在的必要，应当取消。引申到今天的世界，可以理解为目前美国所建构的世界秩序不过也就是六十年而已，这种秩序完全是可以被打破的，甚至于包括公海和领海的概念可能都需要再次反思。

按照施密特的想法，如果英国的海洋霸权和陆地法都要取消的话，会出现什么样的局面呢？答案是令人匪夷所思的，即这个世界不再存在着秩序。所有的空间秩序都将处于一种未定状态，所有的陆地和海洋将是无主的。至于新秩序的建立，则将依靠新的政治—历史行动。欧洲大陆将不会有法兰西、德意志以及意大利的划分等，其他地区也是如此，世界就像一个蛋糕，每当一个新的生日来临，就将被重新切割一次。这种观点听起来似乎是在为德意志的扩张辩解，在为德意志争夺世界的领导权做好理论准备。但是，不可否认观点中依然包含着一些合理的因素。试问一下，现在世界的空间秩序由谁掌控，答案很简单，依然是施密特在著作中所提到的英美等国，或者退一步讲，是由西方资本主义国家。不管是直接权利还是经济文化这些"间接权利"，西方资本主义国家实际上是世界的霸主。几十年前，德国和日本企图挑战这个体系，希望依照自己的意愿建立新的世界体系（当然，德国和日本的所作所为人神共愤，但是这里只做事实探讨，不做主观判断）。显然，这次空间革命没有成功，因为根本就不是空间革命。因为对天空的发现没有像"新大陆"的发现一样产生巨大的影响，不足以支撑德日打破整个世界体系。英国在新航路发现之后能够最终统治海洋，离不开海洋空间开拓后对新的生活方式的巨大需求，英国恰恰以它的优势和历史机遇满足了这种需求。但是，对天空和太空的发现没有这种效果，它类似于亚历山大大帝的东征，只是拓展了人类的空间意识，但是远没有达到引发空间革命的深刻程度。所以德日的做法并不是在发动空间革命，而是在既有体系内的一场挑战，满含大陆性存在的德国和日本当然不是海洋性存在的英国和美国的对手，更何况还有苏联的参与，所以德日的失败不可避免。

二、对新空间的争夺

更遥远的太空也许会是中美未来争夺的一个重要空间。目前，军事学家有一个共识：那就是未来战争，谁得到了太空，谁就占领了地球的制高点；谁占领了制高点，谁就能取得战争的主动权。正是因为这一战略思想被普遍认可，许多军事强国都在抓紧发展"天军"，以便能够在广袤的宇宙空间进行太空作战。这些国家中，美国的计划尤其令人惊愕。据相关媒体报道，美军不仅制定了针对其他国家的太空作战方案，还想在三四十年后推出航天母舰①，以确立"绝对火力优势"。另外有报道称，美国五角大楼计划到 2040 年左右就部署首艘核动力航天母舰，到 2050 年部署 3 艘航天母舰，并组建 3 支"空天舰队"。每支舰队都由 1 艘航天母舰、4 架航天飞机、2 艘太空拖船、1 座空间补给站组成。航天母舰将配备常规导弹、核导弹、高能激光武器、动能武器等作战装备及侦察设施。伴随着空间的延伸，空间秩序也会逐渐建立，世界的空间秩序不断延伸，关于空间秩序的争夺也会进一步扩展。

三、施密特空间理论的启示

那么施密特的空间理论对现在的我们有什么启示呢？首先是这个世界的秩序并没有我们想象的那么牢固，也许我们从来都没有质疑过这点。因为这种秩序不仅支配着这个世界，也支配着我们的思想和心灵。只要一想到我们的经济学和国际法都是建立在这样的基础之上，我们对于现代社会的所有信念都与此密切相关，我们就会感到不寒而栗。但是，这样的世界秩序是不是就是最终的世界秩序呢，这样的世界秩序是不是就是最好的呢，有没有可能建立一个更好的世界秩序呢。当我们去考虑这个问题的时候，一个关于空间扩张的问题就提出来了。这就是对我们的第二个启示，有没有可能出现新的空间革命？虽然施密特所预料的第二个空间革命尚未发生，但是这并不表明第二次空间革命就永远不会发生，或者是在太空找到突破口，

---

① 航天母舰是以舰载机为主要武器并作为其空中活动基地的大型空中战斗群。依靠航天母舰，一个国家可以在远离其国土的地方，不依赖当地的机场施加军事压力进行作战行动。一般来说，航天母舰主要有以下类型：按担负的任务，可分为攻击机、预警机、护卫机和多用途战斗机；按舰载机种类，可分为固定翼飞机航母和直升机航母。航天母舰一般不单独活动，它总是由其他舰只陪同，合称为航天母舰编队，又称航天母舰战斗群。整个航母编队可以在航天母舰的整体控制下，对数百公里范围内的敌对目标实施搜索、追踪、锁定和攻击。因其编队可同时使用多兵种、多舰种、多机种，能开辟独立的空战场，真正做到全天候、大范围、高强度、长时间的连续战斗，实现中远海的一体化联合作战。航天母舰的主要任务是以其舰载机编队，夺取本土之外的制空权和制海权。航天母舰是一支航天母舰舰队为中心的核心空中基地。航天母舰作为支持本土之外空中作战的平台，主要要求如下：①运作、维护和支持作战飞机，在使用寿命内允许机种更新，提供基本指挥和控制功能。②拥有足够的机动速度和防卫能力。③拥有有效的起降作战飞机的能力。④拥有同时起降战机的能力。⑤拥有快速空中警戒出击能力。⑥允许长周期连续执行空中任务。⑦允许在动力输出下降的情况下执行空中任务。⑧必须是核反应堆作动力。根据互联网资料整理。

或许是其他的可能性，在这个世界上，可能性的大门是永远也不可能完全关闭的。在这种空间革命发生的时候，我们应该选择什么，去试图争取成为这个空间秩序的建立者还是成为这个空间秩序的接受者。还是不管结果如何，都能保持着积极的航海精神，勇敢地面对将要诞生的混乱和虚无。

第四章 国情：中国崛起的现状

第一节 国家决心——中国国力的运用

国家决心是指一个国家的执政当局和大部分民众愿意为国家目标进行努力的信念，国家目标应当和大部分民众的利益相符合，并且符合当今世界的主流发展趋势。国家决心可以用强弱来形容。较弱的国家决心意味着大部分民众愿意为此目标付出的努力的程度相对较低，较强的国家决心意味着大部分民众愿意为此目标付出的努力的程度相对较高。国家决心的强弱在很大程度上决定一个国家能否完成国家目标。例如，改革开放之初，解放生产力、提高民众生活水平，是全国大部分民众的愿望，这种愿望和憧憬经过国家引导就转化为一种国家决心，这类愿望和憧憬不仅有着明确的目标，还符合大部分民众的切身利益，发展生产力、提高生活水平、消除贫困，也符合当今世界的发展趋势。

一、国家决心的重要价值

在中美的百年竞争中，我们要着力强调国家决心。"三军可夺帅也，匹夫不可夺志也"，国家决心就类似于个人的志气，是中国和美国进行百年竞争必不可少的因素之一。中美的此次竞争延续时间将达百年之久，中间所遭遇的各种坎坷辛酸必定难以预料。中国作为一个崛起的大国，不可能回避竞争。"逆水行舟，不进则退"，对于中国而言，除了和美国竞争全球大国以获取更广阔的生存空间以外，并没有更好的选择。在竞争过程中，中国更需要形成全国统一的国家决心，才能够击溃一小部分人的"投降论"、"失败论"、"无须竞争论"，排除不必要的杂音，专心致志地应付这场历经数代人的竞争。与美国相比，中国在诸多方面都处于不利地位，这更需要国家决心来统一意志，鼓舞人心，形成积极向上、敢于竞争的社会风气。简而言之，美国已经在跑道上领先我们一大截，美国只须慢慢地走，就已经在我们面前，而我们必须跑步前进，才能追上美国的步伐。在这场竞争中，中国要比美国付出更多。

二、国家决心的影响因素

国家决心的强弱受以下四方面影响：国家目标的认可度、国家目标的迫切度、国家目标带来的利益、传统文化的影响。

（一）国家目标的认可度

国家目标的认可度，是指国家目标能够被多少人接受，以及接受这个目标的程度。美国和中国的接触始自 18 世纪，19 世纪后期，美国开始入侵中国，后来的国共战争、朝鲜战争、越南战争等，美国都和中国发生过较大的冲突。这种情况下，大部分国人对和美国进行竞争的状况是接受的。然而，依然存在三个问题。

首先，一部分人受美国各种思想影响很深，对美国的价值观和生活方式高度喜爱，内心已经完全接纳了美国，甚至爱美国胜过爱中国，他们在内心认可美国作为全球大国的现状，根本不想改变这种格局，更不希望中国去挑战美国的全球大国地位。这种观点可以归纳为"投降论"。其次，一部分人仍然对中国崛起持怀疑态度，认为中国不太可能战胜美国，与其这样还不如不竞争，中国甘心做好世界老二，或者退避三舍，偏居一隅，不要破坏现状。这种观点可以归纳为"失败论"。最后，还有一部分人认为"和平与发展"已经成了世界主流，中美之间亲如兄弟，又有庞大的经贸往来，中美之间不需要"竞争"，中美之间只有合作。这种观点可以归纳为"无须竞争论"。

这三种观点只是关于中美关系的比较典型的观点，在中美竞争中还会涌现出其他很多的观点。与这三种观点类似观点的出现，会对国家目标的认可度带来较大损害，会干扰民众，混淆视听，削弱国家决心。事实上，这三种观点都是错误的。"投降论"是明显错误的，美国有美国的道路，有美国的优势，也有美国的问题。同样，中国有中国的道路，也有中国的优势，中美两个是截然不同的两个国家。认为美国是世界发展的标杆的观点，既是被短期的现状所迷惑，也是一种数典忘祖的行为，这样的人已经不能称为中国人，至少其内心对中国的认可，已经不是真正中国人的心境。关于"失败论"，中国和美国的竞争是迫不得已，是中国不得不为的选择，中国如果不和美国进行竞争，美国就会变本加厉地压制中国，美国现在根本不希望有潜在挑战者出现，中国越是倒退，中国的国际生存空间就会更小，最后的结局难以预料，"以斗争求生存"是国际政治的基本原则之一。并且，中国的人口比美国多，中国经济发展的后劲十足，中国和美国的竞争结局并不悲观，从百年来看，中国仍然有较大的胜算。关于"无须竞争论"，则是对世界的美好憧憬，自海上大发现到现在，全球大国之间的争斗从来未曾以和和气气做兄弟而结束的。

对于大国关系，《大国政治的悲剧》一书中讲得十分清楚，大国的竞争是被迫的，因为没有一种力量能够保证一个大国的安全，所以所有的大国只想努力地成为全球大国，从而建立自己的安全环境。美国目前正是这样做的，中国和其他全球大国也必然会延续这条路，毕竟生存是第一位的，这是任何国家无法回避的现实。"无须竞争论"只能是一种自欺欺人的幻想。在国家目标的认可度方面，政府可以使用恰当的手段进行引导。以美国为例，在苏德爆发战争之前，苏联长期被美国人视为邪恶国家，是世界罪恶的集中地。然而在苏德战争爆发后，美国政府开始有意地培养美国民众对苏联的友好印象，以支持美国政府扶苏的政策。在美国政府的一系列有意引导的措施下，苏联开始被美国人认为是世界最民主的国家，斯大林也被美国人亲切地称为"约翰逊大叔"。

（二）国家目标的迫切性

在国家目标的迫切性方面，中美竞争似乎已经不可避免。从 20 世纪 50 年代的抗美援朝，到后来的越南战争，美国一直试图钳制中国的发展。进入新世纪以来，随着中国国力的不断增强，为了确保美国全球大国的地位，美国开始全方位地压制中国。美国通过政治、经济、军事等手段对中国的发展和崛起进行了诸多阻挠。例如通过台湾问题和南海问题，阻止中国对海洋的扩张；通过人权问题和腐败问题，抹黑中国的执政党和政府；通过 TPP 协议及阻挠中国设立亚投行等，试图削弱中国经济的影响力；至于美国对中国产品出口美国所进行的限制和反倾销，更是不胜枚数。中美竞争目前似乎面临着这样的一个局面，中国国力越是得到增强，美国的压制力度就越大。中国必须正视美国的钳制，从国家层面进行全方位的顶层设计，以进行相应的应对。对美国而言，压制中国符合它们的国家利益，如果中国是今天的美国，中国也会采取同样的行为。因而，如何有效地应对美国的钳制是摆在中国面前的一道难题，也是中国迫切需要应对的问题。

（三）国家目标带来的利益

从国家目标所带来的利益方面衡量，中国的崛起涉及中国的核心利益，即生存问题。对于美国而言，中国的崛起所涉及的利益并非美国的核心利益，美国已经是全球大国，即使美国在与中国的竞争中处于下方，美国仍然可以独霸美洲，因为在美洲没有国家能钳制美国。但中国则不同，中国处于形势复杂的亚洲，即使在和美国竞争之后，还必须面对俄罗斯、日本、印度等的竞争，因而，中国必须将美国的势力撵出亚洲，中国才能够抽出手来应对亚洲的诸多问题。当然，中国需要把握和美国竞争的程度，毕竟中国和美国的竞争，更多的是非军事手段的竞争，涉及的主权问题相对较少，而中国和周边国家的竞争往往涉及主权问题等原则性的问题，发生军事冲突的可能性较大。美国作为钳制中国的所有国家的核心，中国必须将美国拉下神坛，才能瓦解目前以美国为首的诸多国家对中国的钳制，赢得更广阔的生存空间。目前中国并非美国的对手，但随着中国国力的不断增长，中国将逐步赢得和美国进行直接竞争的能力。

也许有人会说，中美相隔重洋，又没有直接的领土争端，为什么中美的百年竞争会涉及中国方面的核心利益呢，难道中国和日本、印度以及南海诸国的冲突不是更加直接吗？需要明确两个问题，中国的最大利益在哪里，谁又最大可能影响到中国的最大利益。目前而言，中国的最大利益并非陆上的主权问题，而是海上的生存空间问题，是对外贸易的保护问题。中国和周边国家的领土争端已经基本解决，陆地领土问题已经不是中国目前面临的最大问题。并且，就中国目前的实力而言，周边邻国也难以构成对中国领土的有效威胁了。现阶段，对于中国而言，经济贸易是中国的最大利益所在，经济贸易牵涉到的海洋运输的安全、原材料燃料的安全获取、销售市场的保护等领域，美国作为全球大国，也是中国在这些领域进行竞争的主要对手，美国是最有可能影响到中国的最大利益的国家，与美国竞争，正是在捍卫中国的核心利益。

（四）传统文化的影响

从传统文化的影响层面来看，国家决心可能会就此受到一定的影响。中美竞争的国家决心不应该是一种简单的民族情绪，也不应该是一种纯粹的国与国之间的仇视。中美竞争的国家决心应当是建立在一种理性思考基础上的信念。如果将中美竞争的国家决心简单地理解为中国对美国的仇视，甚至因此而形成不必要的民族情绪，这样的理解将会对中美的竞争产生非常不利的影响。纳粹德国、日本、苏联，这些国家的陨落，或多或少与美国的不健康竞争有一定的关联。美国是有史以来最为健康、最为强大的全球大国，和美国的竞争必须掌握一个底线，如果在和美国的竞争中处于下风，必不能使用极端手段（例如战争）拼死一搏，这样的做法正巧符合美国的期望。纳粹德国、日本以及苏联正是在实力与美国差距较大的情况下，试图成为地区性强国或者全球性强国而遭到美国的剿灭。

中国和美国的百年竞争一定要建立在经济贸易这一核心利益的竞争之上，相应的军事手段和政治手段是辅助性的手段。不能单纯地寄希望于通过军事手段或者政治手段战胜美国，进而赢得这场百年竞争的胜利，事实证明，抱有侥幸心理的国家，往往会操之过急，在国家经济实力难以支撑的情况下挑战美国。即使获得了短期的优势，也难以在长期的竞争中最终战胜美国，例如日本及其发动的珍珠港的袭击，就是一个非常有说服力的例子。在中国的传统文化中，农耕文化占据着主流地位，不论儒家还是法家，往往都聚焦于人本身的修为和国家的内部治理，对于对外扩张和国与国之间的竞争，缺乏有效的理论指导。中国的普通民众对于中国崛起的基础可能难以理解，更易对中国崛起过程中的民族竞争、国家竞争产生兴趣。这种情况下，中国崛起中许多政策的制定和执行难免受到民众情绪的影响，有可能将中国过早地推向与美国的全面竞争，极有可能造成中国重蹈纳粹德国、日本以及苏联的旧路。中美之间的竞争必须强调"戒急用忍"，也需要中国的普通民众具有更多的耐心和理性，才不至于将中国引向一条充满荆棘的不归路。在中美的百年竞争中，中国始终应该坚持一点，即在实力不如美国的情况下，坚决不和美国发生面对面的军事冲突，以防止损害中国的国力。

三、国家决心与国家目标的实现

另外，国家目标最终能否实现与其他方面也有较大的联系。正如前文所言，国家决心越强，国家目标实现的可能性就越大。国家目标的实现除了国家决心以外，还受到目标本身的难易程度、目标实现过程中的环境、目标实施主体的实力等影响。国家目标的实现至少由四个因素决定：国家决心、目标本身的难易程度、目标实现过程中的环境、目标实施主体的实力。目标本身的难易程度则是指中国取代美国成为全球大国这一目标的难易程度，以目前的情况而言，并不容易，但依然有一定的希望。目标实现过程中的环境则是难以预测的，目前国际形势呈现分化发展的趋势，"和平和发展"成为越来越多国家的共识，越来越多的国家摆脱战乱走上了快速发展的道路，然而，恐怖主义势力、宗教极端势力等在全球的影响力也越来越大，后现代社会的痼疾开始在全球显现，因而国际形势对于中美的百年竞争有利有弊。客观而言，更多国家的和平发展给予了中国在第三世界国家投资发展的机会。至于目标实施主体的实力，以目前中国的国力而言，和美国相比有较大差距，如果中国能够持续发展下去，那么中美之间的差距将会逐渐缩小。

国家决心，是实现国家目标的前提条件，也是中国取得崛起胜利的前提条件。没有足够强的国家决心，中国在面对美国的时候，不仅会失去方向，还会失去耐心，同时也会失去智慧，这样的情况下，以中国后起之秀的身份进行追赶，中国将会遭遇许多的困难，中国在百年竞争中战胜美国的可能性会微乎其微。因而，重视国家决心，并进而将其内化到中国的政策制定和执行过程中是十分必要的。中美的百年竞争表面看起来十分复杂，但只要中国做好自己的事情，通过国家决心凝聚人心，那么中国在这场百年竞争中就将具备十足的希望。"大道至简"，中国在和美国的这场竞争中也应该抱着这样的理念，抓大放小、戒急戒躁，徐以谋之，缓而图之。

第二节　全球化：中国仍需前进

一个全球大国的起始阶段可以是一个强大的区域性大国，但全球大国迟早需要完成本身的全球化这一过程，不然这个国家所拥有的全球大国地位将会非常不稳固，并极有可能被新的完成了全球化的区域性大国所替代。作为中国的主要竞争对手，虽然美国的全球化过程从 20 世纪 50 年代才真正开始，但美国目前已经基本完成了全球化。

一、美国的全球化

美国已经完成的全球化表现在三个方面：首先，美国的人才输出和输入是全球化的，美国通过政治、商业、军事等渠道向全世界输送美国的人才，又通过移民、留学等方式网罗世界的精英人才。例如，美国的跨国公司在全世界许多地方都有商业业务，美国除了在本地招聘员工以外，大量的管理人员是从美国输出的，这其实就是美国人才的输出。其次，美国的文化融合是全球性的，美国文化对全球影响巨大，美国是移民国家，因而美国文化本身就是多种文化的融合，亚洲、非洲、拉丁美洲等各种文化都在美国文化里面有着一定的存在，当然，欧洲的白人文化依然占有主导地位。而美国又将这种具有全球基因的美国文化和商业、创新、传播结合起来，通过好莱坞等向全世界推广。最后，美国对世界各地的了解是全面的。美国不仅有着众多的研究机构，例如高校、智库等，对世界各国的经济文化、历史沿革、地理环境和人口结构、政治军事等方面有着非常深刻的认识和理解，这是其他各国所不具备的。这种全面的了解为美国处理全球的政治经济事务提供了许多参考，也使得美国的政治家和学者具有宽阔的全球视野。

二、中美全球化的差距

全球化的美国无疑让中国压力山大，幸运的是，中国依然在两大方面拥有希望。第一，美国的全球化进程毕竟为时不长，美国本身的全球化依然有很多局限性，美国现在只是全球化水平比较高的国家，在进一步融入全球方面依然有许多空间，并且美国国内已经出现了"反全球化"的浪潮，美国全球化进程的不确定性加大。第二，美国的全球化是伴随着美国经济的发展而推进的，说明一个国家的全球化进程和经济的发展紧密关联，随着中国经济的不断发展，中国的全球化也会逐步加快。

中美两国目前的全球化水平差距较大，以中美两国国际留学生数量为例进行对比就可以发现中美的差距。2011年，在华学习的外国留学人员总数首次突破29万人，创新中国成立以来新高。而根据美国联邦留学生交换计划的报告，美国2014年国际留学生总共为96万多名，其中，百分之七十五的国际留学生来自亚洲，来自中国的国际留学生为27万，中国的国际留学生数量大概为美国国际留学生数量的三分之一。国际留学生是"用脚投票"的典型代表，国际留学生数量的差异也能在一定程度上说明两个国家国际化水平和对外吸引力的差距。对中国而言，除了一步一个脚印慢慢地追赶之外，没有更好的办法，毕竟，国家的全球化涉及一个国家的经贸水平、受教育程度、对外开放程度，以及走出去的深度等方面。对于中国而言，应该按照三步走的方针，推进中国的全球化进程。

三、中国全球化的"三步走"

中国要更加积极地接触世界。中国和国外的接触越来越多，主要包括经济贸易和旅游等方面。2012 年，中国游客的国外开支达 1 020 亿美元，比 2011 年增加了41%。2000 年，中国游客的国际旅行总次数仅为 1 000 万次，2012 年增长到 8 300 万次，12 年翻了 7 倍多。2014 年，中国出境旅游人数超过 8 000 万人次，位居全球第三，对世界旅游市场贡献超过 7%。2015 年 4 月，英国路透社网站称，根据联合国世界旅游组织的数据，中国已经是游客在国外消费额最大的国家。

中国和国外打交道越来越多。但是中国和世界的接触存在两个问题：一是广度不够，二是高度不够。广度不够是指中国人接触国外世界的人依然不多，仍然是以商务、旅游、务工等为多，而这些人在中国总人口中所占比重不大。中国依然有许多人一辈子都没有和外国人打过交道。高度不够是指许多中国人在国外依然以小生意和务工为主，中国在国际高端劳务市场，例如金融、法律、软件等领域的占比较小。以中国外出务工人员为例，外出务工人员一般学历层次较低，在国外一般参与建筑施工或者小商品贸易，能够和外界接触的机会相对较少，即使出国和待在国内也没有多大差别，对于中国的全球化水平的提升相对较小。中国应该培养更多高端的全球商务人才，当然，这也需要中国出现更多的跨国企业和进行更多的海外投资。

中国要更加热情地理解世界。中国目前对于全世界的认识是不够。主要表现在两个方面：首先，学者和研究人员对于各个国家的真实情况，尤其是语言、政策、政治势力等的研究不够。中国在这方面的研究和美国相比有非常大的差距，中国学者和美国学者相比，往往在三个方面存在差距。首先是中国学者的语言水平有待加强，其次是中国学者对于研究国家的实际了解较美国学者少，最后是中国学者的严谨态度不如美国学者。第二，中国的普通大众对于国外的许多风俗习惯了解太少，对于许多国家的基本国情了解太少。中国游客在国外出现过激行为或者不文明行为，既是因为中国部分游客的素质较低，也是因为中国游客对于一些国家的基本风俗习惯不甚了解，出国旅游依然按照中国的社会生活方式进行各种游玩活动，因而容易和旅游国的相关规定发生冲突，从而引起旅游目的地民众的反感。

中国要更加主动地引导世界。在接触和了解的基础上，中国才能更好地引导世界，没有接触和了解，中国就希望引导世界的可能性不大。中国是一个人口大国，因而，中国不可能在让所有人都接触世界以后，才去了解世界和引导世界，中国在接触、了解以及引导世界方面应该是交叉的。中国更加主动地引导世界，是指中国通过在政治、经济、文化、军事方面的重大成就，对世界各国产生强大的号召力，从而在价值观念、思维方式、文化生活等方面对世界产生影响，使得中国能够在国家发展道路、社会治理理念方面为其他国家发展提供借鉴。

中国目前的全球化水平依然较低，和美国相比，中国有更长的路要走。同时，由于与目前处于全球主导地位的欧美文化在语言和观念上存在巨大差异，中国全球化的道路也将更加坎坷。但是，中国的全球化不能倒退只能前进，因为，不管中国以后是全球大国还是地区性大国，融入全球，都是中国的必经之路。

第三节　《爱拼才会赢》① 与中国人的海洋精神

"人生可比是海上的波浪，有时起有时落，好运歹运……三分天注定七分靠打拼"，这首脍炙人口的《爱拼才会赢》曾经在中国风靡一时，到现在也还是诸多中国人喜欢在 KTV 大声喊唱的歌曲。细细品位这首歌，会发现这首歌中带有浓烈的海洋气息。事实也确实如此，《爱拼才会赢》这首歌最早在中国台湾传唱，并且深得当地人喜爱。这首歌将人生比作是海上的波浪，实际上说明的正是渔民对海洋的认识。

一、中国人的海洋精神

福建人、浙江人、广东人、江苏人等应该是中国最具海洋精神的人群，中国在海外华侨的大部分也都来自于上述几个地区，上述几个省份的外贸总量也占全国的二分之一以上。可见，一个地区海洋精神与其外贸发展以及对外开放水平是存在一

---

① 《爱拼才会赢》，为一首脍炙人口的闽南语歌曲，由陈百潭填词及作曲，中国台湾歌手叶启田主唱，后来有多名歌手曾经翻唱或改编此歌曲。专辑发行于1988年，其歌名已成为一句鼓励人们努力向上的格言。一时失志毋免怨叹，一时落魄毋免胆寒，哪通失去希望，每日醉茫茫，无魂有体亲像稻草人，人生可比是"海上的波浪，有时起有时落，好运歹运总嘛爱照起工来行，三分天注定七分靠打拼，爱拼才会赢。"根据互联网资料整理。

种正相关关系的。例如最近较出名的一部电视剧《温州人在巴黎》，就讲述了当代温州人在法国巴黎辛苦创业的故事，《温州人在巴黎》就是从微观的角度反映了这四个地区的对外开放的故事。根据相关统计数据显示，目前，中国人在欧洲工作的共有300万之多，每年汇回的外汇多达几百亿美元。"往家里寄钱"一直是在外工作华人的传统。在福建、广东等沿海省份，出国打工汇款贴补家用的现象相当普遍，"一人在外，全家不愁"的丰厚报酬驱使着沿海居民们去海外"掘金"。世界银行公布的数据显示，2012年全球海外移民向本国汇款达到5 340亿美元，其中中国移民汇往家乡的数额达到660亿美元，仅次于印度（700亿美元），远远高于排名靠后的墨西哥和菲律宾（240亿美元）、尼日利亚（210亿美元）等国。世界银行的官员指出，上述金额只是基于银行或转账公司等提供的数据，实际的移民资金流动规模可能会更大。

以福建为例。许多福建人在日本、欧洲、美国等地工作和生活，福建人很早就有着对外贸易的传统，这种传统延续到今天，使得大量的福建人在国外生活。这种敢于漂洋过海去国外谋生活的精神，正是海洋精神的一种体现。虽然福建人去国外谋生是因为福建许多地方物产贫瘠、缺乏足够的田地养活众多的人口，但是福建人数百年来敢于抛妻弃子，远涉重洋，敢于打破安土重迁的农耕思想的束缚，也是难能可贵的。福建人这种远涉重洋的行为，不仅使得中国的海洋精神在几百年的闭关锁国中得以延续，而且也为福建人赢得了众多的财富和更广阔的发展空间。例如，莆田有许多人在欧洲做生意，这不仅改善了外出的莆田人的生活，也提升了莆田当地的生活水平。

必须提及福建人中具有海洋精神的代表性人物郑芝龙。郑芝龙是著名的民族英雄郑成功的父亲。郑芝龙的经历非常传奇，但是也正好反映了中国人所具有的海洋精神。郑芝龙是17世纪的人物，然而作为那个时代的中国人，他为了谋生，很早就去过日本，并在日本娶妻生子。后来郑芝龙又去了台湾，并且在帮助荷兰人进行翻译工作的时候，发现了对外贸易的生财之道。再后来，郑芝龙回到了家乡福建，并通过对外贸易大发其财，他的对外贸易北达日本，南达南洋，郑芝龙所表现出来的正是海洋精神。没有被陆地所束缚，勇敢地去面对海上的波涛汹涌和外部世界的未知，并通过对外贸易获得巨额的财富。当然，为了在动荡的时代保护好自己的对外贸易，郑芝龙发展了自己的军队，谋取了明王朝的官职，据说还组建了一支以非洲人为主的护卫部队。郑芝龙的事例说明，即使在闭关锁国数百年的中国，中国民间进行的外贸交易的深度和广度依然超过了大部分人的想象。郑芝龙最后的结局自有历史公论，但作为中国海洋精神的象征，笔者觉得他依然是极富海洋精神的福建人的典型代表。

二、中国需更重视海洋精神

为什么要大谈特谈海洋精神，因为海洋精神对于现在的中国太重要了。没有海洋精神的民族，是无法掌握海洋的，也就无法真正掌握海权。海洋精神表明一个国家对海洋的亲密感以及对海洋的重视程度乃至对海洋的掌控能力。海洋精神往往孕育着巨大的海外贸易和强大的海洋实力。中国的对外贸易总量已经居于世界第一，但是中国对海洋精神的重视仍显不够。海上运输的发展、海军的壮大都需要以海洋精神为基础。同样，中国对海外的扩张，如果没有海洋精神作为指引，那么这种扩张不可持续。回顾全球大国的历史，成为全球大国的所有国家几乎都是极具海洋精神的国家，荷兰、英国、美国，时代越发展，海洋精神就越加重要，人类越来越需要海洋。随着科技水平的发展，人类已经慢慢地走出陆地，走向海洋，而海洋蕴藏着丰富的自然资源为人类的发展提供了新的空间。法国是一个反面例子，即使在法国最强盛的拿破仑时代，法国距离全球大国也有着非常远的距离，因为法国已经被其大陆国家的身份所限制，法国缺乏海洋精神。科耶夫在《法国国是纲要》中也提到过法国缺乏海洋精神这个问题。中国若想成为可以和美国竞争，甚至于超越美国的全球大国，必须首先拥有海洋精神成为海洋强国，这是无法回避的。海洋精神能为中国成为海洋强国提供思想基础。

从历史的角度来看，中国沿海地区人民的海洋精神并没有转化为中国的海洋实力。中国沿海地区人民的海洋精神只是使得这些地区的生活水平提高了，但是并没有转化为国家实力。最关键的原因是，历代中国的统治阶层和大部分中国人所拥有的大陆精神远远超过了海洋精神，在"因循守旧、固土自封"思想的影响下，中国的海洋精神被生生抑制，仅仅成了沿海百姓个人的谋生工具，并没有形成国家的海洋优势，例如对外贸易实力、海军实力等。正是由于中国缺乏海洋精神的渊源，才使得中国的海洋实力没有被充分利用起来，以至于中国最后陷入了落后挨打的境地。以史为鉴，中国不能再让这种可贵的海洋精神四分五散，中国应该尊重海洋精神，并且进而鼓励和利用好海洋精神。幸运的是，中国目前已经具备了转化海洋精神的环境。中国的对外开放水平和对外贸易量，在改革开放三十多年来得到了难以置信的提升，中国社会，尤其是原本具有海洋精神的地区，对于海洋精神的接受达到一个新的高度。海洋已经不是认知外部世界的阻碍，而成为认知外部世界的通道。

海洋精神是人类发展的未来所系，也是中国发展的未来所系。海洋精神具备敢于冒险、勇于进取、开放宽容的特点，中国不仅应当在沿海地区鼓励发展海洋精神，也应该鼓励中西部地区培养海洋精神，让中国其他地区的人民像福建、广东等地的民众一样，敢于走出国门、走向世界，积极融入全球，从而为中国的海洋实力添砖加瓦，为中国早日成为海洋强国打下群众基础。

第四节　躁动，通往未来社会之路

任何身处中国的人都能够感觉到今天中国社会的躁动不安，躁动的身影在中国社会的每一个角落跳动。群体性事件频频发生，食品安全亟待治理，道德建设任重道远。在这样的社会里，躁动是一种常态，焦虑是许多人的生活方式。所以，当网上有数据提到有三分之一的浙商已经不是中国的浙商的时候，笔者觉得应该对今天中国社会的躁动做一次反思，以发现问题，触碰希望。

一、躁动孕育新时代

麦克弗森《占有式个人主义的政治理论》里的一些理论或许可以解释今天的中国。在书中，麦克弗森阐述了英国在 17 世纪资产阶级革命时的社会背景。那样的社会与今天的中国社会有几分相似。当时的英国，整个社会处在激烈的震荡之中，新道德与旧道德之间潜伏多年的积怨终于到了爆发之时。地位社会和市场社会在政治制度、生活方式以及价值理念上的差别不断地凸显，这些差异最终通过内战的方式解决。然而，任何武力的解决都不是一劳永逸的，社会的纷争在英国持续了将近一百年，最后，新的道德才基本上确立。无疑，当时的英国也处于极度的躁动之中，这是社会激烈转型的前兆。因而，才有大批清教徒移民国外，因而，才有大批贵族逃亡欧洲大陆，因而，霍布斯才会写出《利维坦》，希望用最绝对的主权来铲除社会的纷争。可是，让人想不到的是，正是这种纷争和社会的躁动才开始了新时代。

社会的躁动与其说孕育着毁灭，不如说孕育着未来。任何一个社会不可能凭空取得大跃进，任何一个社会不可能在风平浪静中完成自我的救赎，任何一个社会也不可能在躁动中无可救药。相反，躁动的社会其实包含有两层意思。第一层意思即是对现状的不满，而第二层意思即是对未来的期待。如果仅仅是对现状不满而对未来没有期待，会转向宗教的救赎或者自我沉沦。正是因为既对现状不满又期待着更好的未来，所以社会才会躁动。而从另外一个角度来说，躁动的社会正在酝酿着伟大的突围，所以它才会如此躁动不安。

二、中国社会的特殊性

显然，中国社会不是普通意义的社会，它所面临的处境比当年的英国有过之而无不及。当年的英国社会只面临着两种困境的冲突，要么是传统的道德社会，要么是市场的道德社会。中国社会则在传统的道德社会和市场的道德社会，还有社会主义社会以及后现代的困境中徘徊。这还只是社会层面的问题，深入到实践层面，各种各样的问题更是杂乱无解。

但无论有多少冲突和难题，中国社会所面临的问题归根到底还是中西方文化冲突这一问题的扩展、延伸或异化。因而，要解决中国社会所面临的问题实际上必须回到这个主题上来。现在的问题是，中西方的对话机制完全没有建立起来，双方的冲突依然剧烈。自从20世纪以来，中国传统文化一直处于西方文化的打压之下，但是中国传统文化并没有认输，也不可能认输。而西方文化则自恃三百年来的强劲之势更不肯与中国传统文化做妥协。

三、对"普世价值"的再认识

强势的西方文化，或者更确切地说，西方的普世价值已经在今天的世界遭受到了重重的质疑。这种质疑既有来自中国传统文化的，更多的是来自西方社会本身。例如，麦克弗森就是其中之一。在他的《占有式个人主义的政治理论》一书中，通过与传统社会进行对比，他认为现代社会其实是一种占有式的市场社会。在这样的社会中，个人拥有很大的自由，人与人之间相互竞争是在和平的环境下发生的。但是最终，在这个社会里，任何东西都成为可交换的，因为任何东西都会有一个价格。虽然，麦克弗森的思想里有马克思主义的痕迹，但是他所揭示的一个问题是我们不得不面对的。即我们今天所谓的道德其实都是市场社会之下的道德。我们所谓的普世价值：自由、正义、秩序，其实也是市场社会的产物。有些人认为我们所秉有的价值超越了这个社会甚至整个尘世，但事实上，我们都被所谓的普世价值遮盖了双眼。在市场社会下的道德价值是不可能具有超越性的。

所有的思想其实都不是普世性的，包括柏拉图和亚里士多德的思想。虽然有学者试图用古典的政治哲学来攻击现代的政治哲学，但二者都不是普世性的。在古典的政治哲学中，人生的目的应该是追求有节制的生活、美德的生活。到了现代政治哲学里，欲望占据了人生的中心，社会变得没有目的，正是在这样的背景下，平等的需求代替了等级的需求。由平等又产生了自由，由自由又推演出正义，由正义又生发出秩序。但所有的一切都是以放弃社会的目标为代价的。所以，我们今天所心向往之的普世价值，其实是值得怀疑的。社会自有其演化路径，在人类的历史上，我们发现，自由所生发的不是自由而是专制，正义所导出的不是正义而非正义。现代政治哲学的演变正是极权主义的思想基础，人类有史以来所经历的最大的灾难都与普世价值的传播密切相关。

在自由、正义、秩序这三个所谓的普世价值里，它形成了三个等级的价值位阶。然而，如果将这三个价值位阶教条式的套在一个社会之上，那么社会的整体性和复杂性就会荡然无存，更何况社会的超越性。社会本身有一个复杂的演化过程，社会本身也是复杂的，它是作为一个整体而存在的。自由、正义和秩序的强势介入，使得一个社会单单以这三个概念作为一个主流的取向，实际上也是一种空中楼阁。我们甚至可以通过社会实践的考察来观察三者在西方社会的发展路径。西方社会比较完全接受这三个概念还是二战以后的事，但是现在西方社会所面临的困境也是有目共睹的。正如施特劳斯学派所认为的"他们本来打算把人提高到神的地位，但是却发现把人贬低到了动物的地位"。之所以会出现这种状况，背后的原因是，所谓的普世价值其实是市场社会的产物，它通过市场社会的强力扩散而四处蔓延。但是市场社会本身是没有方向的，普世价值自然也就没有取向。因而，所谓的普世价值的普及换来的不是人类的幸福，而是人类的迷失。

这种演化让我们看清了虽然中国的传统文化有很多糟粕之处，但是西方的普世价值也并非是天山雪莲能解百毒。它同时还为我们指明了一个方向，如果中国社会要想超越目前的躁动，或者说是超越中西方文化冲突的百年困境，那么可能唯一的出路还是超越这两者的纷争寻找一个新的方向。今天中国社会的躁动，当然正是这种超越的前兆。今天的中国社会多多少少正孕育着这种超越的可能性，虽然未来难以预料。但至少有一定的希望。

四、"主动型"社会

在这里，笔者想引入"主动型"社会这一个概念来概括今天的中国社会。在我眼里，"主动型"社会主要描述的是一个社会对于改变现状走向更好的未来的一种整体上的社会性的思维或习惯。这样的社会当然是动荡的，因为人心思变，这样的社会的发展速度是非常快的，因为每个人都具有求变的习惯和个性，这样的社会对于新事物的接受也是非常快的。所谓的"主动型"社会主要是对社会精神的概括，而与具体的社会制度以及政治制度等无关，但与社会求变的广度和深度是有关的。广度主要是指求变思想所覆盖的社会成员的人数，而深度主要是指社会成员求变的程度。毫无疑问，中国的"主动型"社会的特征是最明显的，其次是一些发展中国家。这也可以从一定程度上解释中国社会高速发展的原因所在。而对于大部分西方国家来说，它们的社会其实是与"主动型"社会相对应的"被动型"社会。这样的社会处于十分稳定的结构之中，社会的变化往往是一些小修小补，其基本的社会结构和社会观念不会发生太大的变化，社会大部分人还十分认可同样的社会理念和价值体系。以近年在美国发生的"占领华尔街"为例，其实大部分美国人还是十分认可现在美国的社会理念和价值体系的，"占领华尔街"只是他们表达民意的方式之一。但美国和欧洲所秉持的价值观已经对其社会活力和经济发展产生了巨大的不良影响，也许美国和欧洲的社会也需要逐渐向"主动型"社会转变，不然可能将面临更大的社会危机乃至生存危机。

毫无疑问，"主动型"社会所要面对的困难犹如产妇临盆时的痛苦，因为，这样的社会随时可能面临着动荡、社会价值体系和社会结构的重构。所以中国社会今天的躁动是可以理解的。因为，处于这样的社会中的成员面临的心理压力可能更甚于物质上的压力，他们已经和整个社会捆绑在了一起，走上了求变的旅程。而社会整体构造的复杂性和变动性则是任何聪明的人都无法预料的。对于"主动型"社会的未来，或许可以用中国古人的一句话来作为本章的结尾，即"穷则思变，变则通，通则久"，毕竟中华民族和中国文化对于变革一直有足够的适应能力。

第五章　美国：中国崛起的试金石

第一节　亚洲^① 的选择：中国还是美国

亚洲是一个土地辽阔、人口众多的大洲,总共有48个国家和地区,1 000余个民族。亚洲在二战结束后赢来了快速的发展,包括亚洲四小龙和中国的崛起。作为亚洲的大国,中国自从鸦片战争以后,经历了近一百年的衰落。随着新中国的成立,中国的国力有所恢复,但中国在全球原有的大国地位却已不再。改革开放改变了这一切,中国经济发展迅速,中国国力快速崛起,中国再次成为了亚洲的强国。中国目前在亚洲的政治影响力、经济影响力已经首屈一指。对于诸多亚洲国家而言,它们最终将会做出一个倾向性的选择,中国还是美国。

一、美国在亚洲的影响力

亚洲包括西亚、中亚、东亚和南亚四个部分,西亚和中亚在传统上属于俄罗斯的势力范围,虽然中国和美国都对西亚和中亚有一定的想法,但是它们并没有打算挑战俄罗斯在这片广袤的土地上的现有权力。南亚主要是印度、巴基斯坦和孟加拉三个地区,巴基斯坦是中国的死党,而印度显然是中国的潜在对手之一,孟加拉相

---

① 亚洲,全称"亚细亚洲"或"亚西亚洲",是七大洲中面积最大、人口最多的一个洲。其覆盖地球总面积的8.7%(或言总陆地面积的29.4%)。人口总数约为40亿,占世界总人口的约60.5%(2010年)。亚洲绝大部分地区位于北半球和东半球。亚洲与非洲的分界线为苏伊士运河。苏伊士运河以东为亚洲。亚洲与欧洲的分界线为乌拉尔山脉、乌拉尔河、里海、大高加索山脉、土耳其海峡和黑海。乌拉尔山脉以东及大高加索山脉、里海和黑海以南为亚洲。亚洲是世界三大宗教佛教、伊斯兰教、基督教的发源地。根据互联网资料整理。

对而言较为中立，并且国力也十分弱小。所以，真正要做出选择的是东亚，尤其是东南亚。东北亚的韩国、日本、朝鲜的立场非常鲜明，韩国和日本都是美国的盟国，而朝鲜和美国势不两立。对于东南亚而言，它们依然有很大的选择空间，菲律宾早早地站在了美国的队伍里面，美国曾经统治了菲律宾四十年之久，美菲之间的关系不同一般。其他的东南亚诸国依然在观望。对于中国而言，它们是邻国，对于美国而言，它们是遏制中国的棋子。所以，东南亚国家在当前的普遍做法是，游走于中美两边，希望能够在维护本国利益的前提下从中美的百年竞争中获取更大的利益。

和中国相比，美国现在在东亚具备一定的优势。美国在东亚拥有众多的盟国，日本、韩国、新加坡，包括菲律宾、马来西亚。而中国在东亚真正的盟友只有不安分的朝鲜。中国和亚洲其他国家，尤其是日本、菲律宾、越南，都有或多或少的矛盾。所以从现在的情况看，中国要想让亚洲选择自己，似乎需要做更多的工作。然而，这只是目前的情况，国际形势和地区形势往往不断变化。中国和周边国家建立更为良好的关系的技巧和实力都在不断上升。正如美国不希望其他国家在它的后院（拉丁美洲）捣乱一样，中国自然也不希望美国长期保持在亚洲的强大存在。不过，通过周边邻国来遏制其他大国崛起，是美国一直以来的风格。之前的美国就通过在欧洲不断扩大军事存在，在苏联的家门口遏制苏联的崛起。所以，美国现在在亚洲保持强大的政治、军事存在，恰恰是美国一贯做法的延续。

二、亚洲国家需认清形势

对于亚洲的国家而言，有一个趋势它们必须要审视：中国的实力在不断地增长，中国对于亚洲的影响能力将随着中国实力的增长而不断加大。在这种情况下，亚洲国家应该继续保持和美国的合作关系遏制中国的崛起，还是保持中立态度，抑或是积极和中国发展关系，和中国一道摆脱美国对亚洲事务的干涉。要回答这个问题，首先应当了解一个基本的事实，美国持续干涉亚洲事务是为了维护美国的国家利益。而美国的国家利益即是保持美国的全球大国地位，也就是遏制中国这个潜在对手的崛起。美国"重返亚太"是希望将亚洲国家变为遏制中国崛起的棋子，为中国崛起增加更多的阻力。问题的关键是，美国联合其他亚洲国家来遏制中国的战略是否能够实现呢，答案是不可能。

对于美国而言，它对中国的遏制是试探性的，中国崛起是否能够真正实现还是未知的，美国希望在力所能及的范围里阻止中国的崛起，但美国并没有到不惜一切代价阻止中国崛起的困境。不惜一切地阻碍中国的崛起，可能会导致第三次世界大战，甚至是全球经济的全面崩溃。所以，美国对于中国崛起的阻碍是有限度的，或许会在一定程度上延缓中国成为全球大国，但却无法改变最终的结局。中国已经基本完成了现代化，小康社会也已经基本建成，中国的经济发展和社会发展进入了良性循环。凭借着人力资源四倍于美国的优势，中国的国力在不远的将来很有可能超越美国，并且这种超越的趋势很有可能持续下去。

三、不沦为"棋子国家"

有鉴于此，亚洲国家应当对中美竞争的可能前景进行深入思考，亚洲国家可以在中美之间做出很多的选择，但最基本的原则应当是不能完全沦为美国在亚洲的"棋子国家"，因为这种状况可能会有必要的义务履行在亚洲干预中国的使命。美国希望有限度地干预中国的崛起，但并不反对它在亚洲的"棋子国家"全面干预中国崛起，这些棋子国家很有可能面临和中国的直接冲突，不管是军事的还是非军事的对抗，"棋子国家"都会遭受重大的损失。因为，美国没有决心也没有必要，为了棋子国家在亚洲和中国再次发生大规模的冲突。亚洲国家可以在保持和美国友好关系的情况下，积极借助中国的力量发展自己，毕竟中美竞争为亚洲其他国家的发展提供了良好的机遇。中国主导建立的亚洲开发投资银行和中国大力推行的"一带一路"政策，很大程度上正是为了促进整个亚洲和新兴经济体的发展而推行的举措。当然，中国也希望借助这些措施加强和亚洲国家以及新兴国家的经济、政治联系，通过间接的方式，驱除美国在亚洲的势力。对于亚洲而言，中美的竞争将会使它们渔翁得利，而它们要做的就是好好地利用这个契机。参与国际政治的国家应当记住的是，政治关系是十分残酷的，一切的意愿和对话都应该建立在实力的基础上，过高地估计盟友可能给予的支持和自身的力量，都可能在与大国的交往中遭到严重损失。

亚洲在历史上经历了许多的纷争，这些纷争既包括大国之间的争斗，也包括小国之间的战争。中美的百年竞争，将会是未来亚洲纷争的主要来源，也将是亚洲未来100年的主题。美国在亚洲的存在已经非常强大，并且还在试图强化其在亚洲的存在。中国是一个亚洲国家，如果中国不能在亚洲战胜美国，那么中国在百年竞争中就必定无法战胜美国。中国也许会在非洲、欧洲、拉丁美洲等地区采取一些迂回的措施和美国进行竞争，但这些都不是中美竞争的关键所在。中国迟早要正视美国在亚洲的存在，和美国在亚洲进行政治、经济、军事上的系列角逐，并期待最终能将美国赶出亚洲。对于亚洲国家而言，读懂中美在亚洲的纷争，将能使其在处理亚洲事务的工程中获得更大的主动权，并赢得更有利的政治姿态。

第二节　美国：值得重视的竞争对手

"学我者生，似我者死"，美国不是一个善良的国家，常常在理想主义的旗号下做现实主义的事情，在普世价值的遮掩下为所欲为。不过，如果美国是一个善良的国家，它也不可能成长为全球大国。1800 年的时候，美国还是在北美洲偏居一隅的不起眼的小国，其后短短的五十年里，美国通过侵略、胁迫、购买等手段，迅速扩张，进而成就了现代美国的基本版图。接下来的五十年，美国又迅速成为全球经济实力排名第一的国家。从1900年到现在，美国一直像不可撼动的大山一样俯视世界。美国能够成长为全球大国，除了天时地利以外，它的许多做法依然有值得我们学习的地方。

一、以正义之名行利己之事

美国人做事，往往是在正义的名义下去做的，即使因为美国的介入将局面搅得一团糟，但自我感觉依然很好，觉得美国是替天行道，不管结局怎么差，也没觉得美国犯了多大的错误。例如在阿富汗、伊拉克和利比亚，美国以"全球事务治理者"的角色自居，认为应当解救三国人民于水火之中，事实反而是将他们推入了更深的火坑。但美国不仅没有就此做出任何反省，反而觉得自己走在正义的康庄大道上一点也不想回头。也许普通的美国民众真的怀有解放邪恶"轴心国"的善良想法，然而真正制定和执行美国政策的精英可不是这么想的。假若按照美国的标准，世界上不民主、不善良的国家那么多，为什么美国偏偏围着中东转。美国没有真正去解决索马里战乱的问题，也没有真正解决非洲的贫困问题，但生存不是应当比民主自由更加重要吗？美国愿意在中东战争中花费数千亿美元，真正的目的是为了中东的石油资源和玩弄地缘政治。可见，实现普世价值、解放他国民众的口号，只是美国为了实现国家利益的一块遮掩布。正如《大国政治的悲剧》所言，美国不过是在自由主义外交的旗号下面，做着进攻性现实主义的事情。

二、玩弄"离岸平衡手"

美国在现实中，最擅长的是玩弄"离岸平衡手"，这一点继承了英国的做法。英国作为全球大国的时候，非常善于在欧洲大陆玩弄"离岸平衡手"，时而联荷制法，时而联法制德。美国作为西半球的地区大国，不能容忍其他地区大国的出现以挑战美国在全球的地位。美国曾经联苏制德，后来又联欧制苏，美国所有的游离做法都是为了国家利益。实际上，美国在全球事务中的种种作为，都是为了确保美国的国家利益不受损害。美国在全球建立的秩序正是美国的利益所在，美国希望确保全球大国的地位永世稳固，所以，美国一直在毫不松懈的发展军事力量，以大幅领先竞争对手。

三、有自信的开放

美国的人口在1850年的时候还不到英国的一半，然而到了1900年，美国的人口已经是英国的1.5倍。大幅度的人口增长，不能够仅仅依赖人口的自然增长，移民成了美国人口增长的主要来源。主要来自欧洲各国的人口为美国的发展提供了大量的人力资源，使美国发展得更快。自1900年以后，美国吸引移民的步伐并未减慢，目前，美国依然是全球移民的重要目的地。移民美国的人员大部分是高新技术人才或者商业成功人士，这些移民的大量涌入，不仅为美国带来了高素质的劳动力，还带来了大量的资金、大批的创新技术等，使得整个社会充满活力。在全球化的今天，一个国家不仅要立足于自己培养人才，还要能够留住人才，并且还要能吸引他国的高端人才。

四、兼容并蓄的社会

美国向来比较注重吸收历史的和他国的经验。美国能够大量地接纳各国移民，说明美国社会相对来说较为宽容。美国的人种结构和民族结构是世界性的，说明美国的全球化属性很强，不像许多其他的大国一样，往往还是民族性的、地区性的。同时，美国的文化中既有白人文化，也有黑人文化，还有拉丁文化，美国这种百花齐放的现象，使得美国社会和美国民众能够更好地吸收世界各地的先进文化，最后促进美国文化和美国社会的发展。美国的高校中，来自世界各地的留学生人数众多，美国高校对于全球各个地区的研究也有相当的造诣。例如哈佛的中国研究中心便掌握了大量一手的中国资料，许多资料在国内尚无法见到。美国虽然厚着脸皮充当了"全球治理者"的角色，但是它的整个社会文化氛围相对来说是比较开放的。

五、崇文尚武的社会风气

相比传统的中国社会，美国社会是一个全新的社会。在美国梦激情澎湃的年代，美国社会的活力有目共睹，大部分人都持有枪支，许多美国人都有或多或少的牛仔气质，毕竟美国当年也是马背上的民族，因此美国的尚武之风较为浓烈。在美国，摔跤比赛、篮球比赛、橄榄球比赛风靡全国，世界流行的 NBA 就是在美国慢慢发展成形的。运动的习惯已经深入了美国人的日常生活，美国人对英雄的崇拜也能从好莱坞电影中得窥知一二。但美国除了尚武之外，又能尊重知识、尊重人才，美国一直非常重视知识产权制度的发展，美国的知识产权的保护体系也是全球最完善的。同时，科学技术转化为商业利益也有许多渠道，美国具有较为完备的金融体系、良好的创业环境以及完善的法律制度。美国社会崇文尚武的风气值得我们学习，一个国家，一个民族只有崇文尚武才能在当今激励的世界竞争中立于不败之地。日本的年轻人由于过分沉迷动画等，男生中竟然出现了"草食男"现象，这种情况对于整个国家人口素质的健康发展非常不利。日本有动漫，韩国有肥皂剧，中国有抗战神剧，美国则有好莱坞电影，美国流行的电影基本上都充满了阳刚之气，与日本的动漫、韩国的肥皂剧相比有天壤之别，例如《蝙蝠侠》、《星际争霸》、《终结者》、《变形金刚》、《教父》等，与日韩的阴柔形成了鲜明的对比。

六、尊重创新的社会氛围

由于美国是建立在美洲大陆上的新国家，因而美国的文化中，对创新几乎是不排斥的。这点是许多传统的大国所不具备的。美国人不仅在精神上接受创新，同时也建立了完善的支持创新的社会机制和金融体系。美国有许多支持创业的股权投资机构，美国有完善的破产法，美国比较完备的社会保障体制也为创业失败的人以后的生活提供了保障。创业往往有着很高的失败率，而美国是一个能够宽容失败的地方，这样的国家无疑为创新业提供了最好的条件。美国能够在和苏联的竞争中大获全胜，一个重要的原因是美国准确地把握了信息化浪潮的趋势。如果美国平时没有尊重创新的社会氛围，美国是不太可能抓住信息化浪潮这一重要趋势的。中国历来讲究"君君、臣臣、父父、子子"，讲究社会的有序，尊重传统，这样的社会结构非常稳定。然而在全球竞争中，过于稳定的社会结构并不太适合现在的竞争环境，会失去许多发展机会，难以跟上日新月异的世界变化，也不利于中国在和美国的百年竞争中抢占先机，所以，中国应当在未来的发展中融合创新与传统，既尊重传统，又重视创新，在社会安定中稳步前进。我们今天所见到的许多生活方面的创新，大部分都是从美国开始的。例如，3D 电影、IMAX 电影、苹果手机、笔记本电脑、智能手机等等，包括现在的 PC 机、打印机，都是从美国开始的。金融行业也是如此，美国进行了大量的金融创新，例如臭名昭著的 CDS，风靡一时的金融工程，还有各种复杂的金融模型，虽然这些金融工具产生了较大的金融风险，但是充分说明了美国在创新方面走在世界的前列。

七、尊重商业的规律

美国本质是一个商业国家，美国社会也是一个商业社会，美国的行为也是以商业考量为基础的。中国人向来讲究"轻利重义"。但是美国恰恰是因为尊重商业而形成了一个讲规矩、讲契约的社会。这种社会机制能够为社会大众参与商业活动提供足够的激励。美国人为了实现自己的个人价值最大化而进入商业，商业环境的良好保证了个人在付出努力的情况下能够获得相对应的利益，利益的获得使得更多的人参与商业，契约制度和法律制度也在这一过程中建立起来。同时，以商业为基础，美国社会的社会治理、教育发展，乃至于军事政治发展都得到了足够的资金的支持，最终，美国在尊重商业的基础上，实现了社会的繁荣。中国一直是"学而优则仕"，美国则是"仕而优则商"，威廉·科恩是美国的政治家和社会活动家。他在美国政府从政 30 余年，曾历任美国众议员、美国参议员，并于 1997—2001 年担任美国第 20 任国防部长。科恩是克林顿民主党内阁中唯一的共和党人，以善于协调两党关系著称。科恩卸任国防部长以后，创立了科恩集团。

彼得森①是美国最大的传奇私募基金公司黑石②的主要合伙人之一，曾任美国商务部长。卸任以后，他联合律师朋友，在纽约设立了黑石基金，利用他在从政期间所积累起来的人脉资源，不仅迅速募集了起始资金，还寻找到了有价值的项目。经过他一连串的人脉运作和资本运作，黑石基金在短短的数年时间里成长为全美甚至于全球的具有重大影响力的私募基金，成为了行业中的标杆。政治人物从商在美国不胜枚举，也有许多商业人物对政治充满热情，例如美国上任财政部长保尔森，曾是美国最大投资银行高盛的总裁。当时美国金融危机刚刚发生，华尔街处于水深火热之中，保尔森临危受命，从高盛总裁直接转任美国财政部长，协同奥巴马制定了救市的最终方案。毫无疑问，政商人才的交流任职并非每个社会都可以完全借鉴，毕竟每个社会的政治传统、社会习俗不同。美国能够打破职业的壁垒，让优秀的人才在政商学界中流动，依然值得我们学习的。商业是社会财富的创造者，政府管理主要是服务社会大众，服务商业活动，所以，在设置了足够的防止利益输送的防火墙的情况下，允许政商之间进行交流，是弊大于利的。中国目前正在试行从国有企业的高管中遴选官员，这种制度符合目前的社会发展趋势。为政之道，首在得人。中国执政党和政府集聚了大量的精英人才，让人才适当进入商业领域发挥个人的价值，也对社会有利。

美国值得重视，是因为它并非像西班牙一样侥幸成为全球大国，美国本身是具备全球大国的基因的，所以这样的美国更可怕，会成为中国难以对付的竞争对手。军事实力、经济实力只是一个国家的外在表象，一个国家的真正实力是植根于一个国家的社会文化、思想传统、风俗习惯之中的，因为这些才是塑造一个社会、一个

① 彼得·彼得森，1926 年 6 月 5 日出生于美国。1947 年获美国西北大学工商管理学士学位；1951 年获得芝加哥大学工商管理硕士学位。1962 年被《生活》杂志选为 40 岁以下美国 100 位最有影响力人物。1971 年出任美国总统尼克松的国际经济事务助理；1972 年 2 月转任商务部长，并兼任国家生产力委员会主席和美苏商业委员会主席。1985 年与史蒂夫·施瓦茨曼共同组建小型并购公司——黑石。根据互联网资料整理。

② 黑石集团（Blackstone Group）又名佰仕通集团，是全世界最大的独立另类资产管理机构之一，也是一家金融咨询服务机构。其另类资产管理业务包括企业私募股权基金、房地产机会基金、对冲基金的基金、优先债务基金、私人对冲基金和封闭式共同基金等。黑石集团还提供各种金融咨询服务，包括并购咨询、重建和重组咨询以及基金募集服务等。黑石集团总部位于美国纽约，并在亚特兰大、波士顿、芝加哥、达拉斯、洛杉矶、旧金山、伦敦、巴黎、孟买、香港和东京设有办事处。截至 2007 年 9 月 30 日，其管理的总资产约为 982 亿美元，拥有 65 位高级管理总监以及约 520 位投资和咨询专业人员。2006 年，黑石集团盈利超过 22 亿美元，人均创造利润 295 万美元，是高盛人均利润的 8 倍，已然成为华尔街熠熠生辉的 PE 之王。2007 年 6 月 22 日在纽约证券交易所挂牌上市（NYSE：BX）。根据互联网资料整理。

国家的真正力量。美国社会的根基里已经具备了务实、开放、创新、崇文尚武、尊重商业规律的基因，这些基因也只能在一个新社会里才能完全具备。中国要学习的是这些基因，而不是美国社会本身，中美是完全不同的两个国家，中国只能够选择性地学习美国社会的优良因素，而不能全部照搬美国。美国作为一个新的国家，也会渐渐地老去。今天的美国已经不如以前的美国那么宽容、尊重创新，美国梦变得越来越不切实际，美国社会的阶层流动越来越难，美国对移民的限制也越来越多。这些现象说明美国正在从一个新的国家变为一个旧的国家，而这些优良的社会基因流失的时候，便是美国真正走向衰落的时候。

中国自近代以来，历经近一百多年的摸索，才形成今天中国特有的道路，这个道路是在一百多年的实验和试错的基础上总结而来的，是符合中国的需要和现实的，中国应该坚定地沿着这条道路走下去，避免大规模的改弦更张。由于中美两个社会文化的差异，中国模仿美国也无法达到美国现在的高度。从这个意义而言，中国按照适合自己的方向走下去才是最正确的选择。当然，中国在成为全球大国的道路上，在不改变中国现在的道路的基本方向的基础上，兼容并蓄，吸收其他强国优秀的文化基因和社会因素，才能够在和美国的百年竞争中立于不败之地。

第三节　政治道路的选择：适合的才是最好的

将一切归零，回到美国建国之初的 18 世纪，全球的大部分国家尚处于君主专制统治时期，但英国已经是君主立宪制了，不过英国在当时也是保留了君主制的，并且英王当时的权力要远远大于现在英国女王的权力。法国处于波旁王朝的统治后期，中国处于清王朝的统治时期，俄国和德国（当时还是普鲁士）还处于专制的君主统治制度之下。在这种世界形势之下，美国在建国之初就走向了君主制的背面——民主共和制。

一、曾经"异类"的美国

从当时的世界看美国，美国是世界中的一个异类，并且美国还确立了闻所未闻的三权分立。幸运的是美国的三权分立没有让美国陷入分裂。一般而言，三权分立的社会极容易陷入权力的争端，三权分立并不必然导致权力的良好制约，三权分立还可能产生另外一种结果，即权力无休止的争斗，最后使国家陷入水深火热。美国确立的松散的联邦制却让美国经历了 1860 年到 1864 年的内战——南北战争（American Civil War），即美国内战，是美国历史上唯一一次内战，参战双方为北方美利坚合众国和南方的美利坚联盟国。战争最终以联邦胜利告终。战争之初本为一场维护国家统一的战争，后来演变为一场为了黑奴自由的新生而战的革命战争。南北战争是工业革命后的第一次大规模战争，在此期间确立了战术、战略思想、战地医疗等现代战争的标准。参战的 350 万人中绝大多数为志愿兵。战争造成 75 万士兵死亡，40 万士兵伤残。

幸运的是，美国所建立的这些政治制度显然是符合美国社会文化内核和美国的发展路径的。至于美国建立的这些政治制度是否是最符合美国发展的，是否采取其他的政治制度更有利于美国的发展，却是难以衡量的。

二、结果说明一切

美国建国之初政治制度的确立过程说明，美国的政治制度也经历了一段从被其他国家视为异类、到最后为全世界所接受的过程。而全世界之所以接受了美国的这套制度，恰巧是因为美国成为了全球大国，事实战胜了雄辩，结局说明了过程。所以衡量一个政治制度是否符合一个国家、一个社会，主要不是这个政治制度是否在理论上站得住脚，是否为世界上大部分人所认可，而是要看这个政治制度是否符合这个国家、这个社会的需要，能否适应这个国家、这个社会的实际情况。一切要以实际效果来论断。并不能因为世界上大部分国家是什么制度，什么制度就是对的。美国当年建立民主制度和三权分立的政治体制的时候，简直就是异类，但美国经过两百多年的发展，最终说明了它的政治制度不是异类。所以，讨论政治制度的时候，不能把一般和特殊搞混淆。世界上，南半球和北半球是不一样的，黄种人和白种人是不一样的，东方文化和西方文化也是不一样的，中国和美国更是差别甚大。认为中国必须按照美国的政治制度改造中国的政治现实，无异于是高估了美国政治制度的普遍性，低估了中国国情的特殊性。对于中国而言，目前最关键的并不是模仿学习美国的道路，而是根据中国的实际情况形成符合中国自己特色的道路。中国曾经在清王朝垮台之后学习过美国和其他西方国家的社会制度，结果反而让地方军阀钻了空子，最后导致了中国近代以来的大乱局。不管一个政治制度如何在他国有效，如果连本国的政治稳定性都无法保证，那么这种制度就是空中楼阁。

菲律宾以及许多拉丁美洲国家学习了美国的民主制度，但是在这些国家，民主制度并没有像在美国一样发挥良好的社会治理的效果。相反，这些推行民主制度的国家的社会治理能力非常差，社会常常陷入动荡之中。菲律宾的叛军以及墨西哥的毒贩，经过了这么多年还没有得到菲律宾和墨西哥政府的有效整治，这两个民主国家的治理能力确实令人怀疑。为什么在美国运行良好的政治制度在菲律宾和墨西哥无法得到有效的运行，因为菲律宾、墨西哥和美国所处的地理环境、民族结构、社会经济发展状况、民众受教育水平、军事实力、社会风俗、地缘政治、国力强弱、文化传统、自然资源、毗邻国家、政府廉洁度等等都是不一样的，这么大的区别之下，他国的制度最多只能作为参考，一个国家必须在尊重自身传统的情况下，进行一定程度的改善，而不是推倒重来。只有将国家的实际情况和国际的先进经验结合起来，不断摸索，不断试错，才能够形成符合一个国家实际情况的制度。中国目前所形成的具有传统文化基因的政治制度，恰好能够和中国的发展以及社会现状相适应，中国才能在改革开放的四十年里实现国家经济的迅速发展。中国现在施行的政治制度在全球尚没有太多的跟随者，但随着时间的推移，只要中国的发展能够不断推进，如果中国在和美国的竞争中占据上风，那么中国的政治制度将逐步得到全球的认可，正如同美国当年的政治制度得到全球认可一样。

三、中国政治制度的独特特征

中国目前的政治制度有两个重大特征。首先，中国目前所建立的政治制度是与中国的现实需要相符合的。其次，中国的政治制度本身具有一些优越性。以中国政治制度中的治理结构为例，中国从1911年以后，经历了将近40年的战争，才重新赢得国家统一和民族解放，这个过程在历史的长河中并不长，但是对于身处当时的民众却显得尤为漫长。中国近代一直面临的两个问题是，民族解放和现代化。第一个问题在新中国成立前后已经基本解决。第二个问题是现代化，现代化实现的前提是必须有一个稳定的国内政治局面，并且中央政府还要有能力调动各个地区共同参与这个过程。中国历朝历代的经验说明，没有强大的中央集权的领导，中国社会的大规模建设将是举步维艰。因为没有强大的中央集权的领导，幅员辽阔的中国一般会先陷入无休止的内斗，没有精力顾及社会的建设。如果中国缺乏一个强有力的政党的领导，那么中国的现代化就无从谈起。所以，中国现代化的实现需要一个具有强大凝聚力的政党，而中国执政党恰恰满足了这个要求，中国的执政党具有超强的组织能力。中国的执政党之所以能够在和国民党的竞争中获得最终胜利，组织能力优于国民党是一个很重要的原因。中国的执政党建立的五级政权、六级党组织的结构，覆盖了全中国，实现了中国有史以来最全面的治理。这个治理结构通过采用元明清时期的行省制度，加之层层递进的科层制结构，能够实现中央对地方的有力控制。

　　例如中央政府对边疆的治理程度。不少历史书籍提到说，明清时期的许多边疆地区已经归中央政府管辖，但是并没有说明中央政府对这些边疆地区的治理程度。例如，史书上说清王朝将西藏纳入了版图，但是并没有说明清朝对西藏的治理程度，事实上，当时清王朝对西藏的治理程度并不高。乾隆时期，西藏还发生过反抗清王朝的暴动，清王朝驻西藏的大臣被杀身亡。当时中央政府对西藏的治理还是间接治理，实际上清王朝对西藏的治理主要通过达赖和班禅来实现，清王朝自身对于西藏全境的治理程度并不高。而现在，中央政府通过在西藏建立从上而下的组织机构，已经完成了对西藏的全面治理，极大地维护了西藏地区的稳定，促进了西藏地区长期的繁荣与发展。如果没有中国执政党的组织制度作为支撑，中央政府对于西藏的治理难度会很大。清王朝管辖的许多土司地区也一样，虽然许多土司地区实施了"改土归流"，但在没有改土归流的地方，许多土司在自己的领域依然像封建君主一样，具有生杀大权，还能控制军队和税收。乾隆的十全武功中就有对大小金川的讨伐，这两个土司地区虽然很早就纳入了清王朝的版图，但是两个土司依然桀骜不驯，最后清王朝不得不派遣大军西征。这场战争前后共耗损了清王朝将近 6 000 万两白银，相当于清王朝一年的全部收入，死伤军士更是达十万人之多。两次平定大小金川是清朝乾隆皇帝的十大武功之一，与乾隆其他九大武功相比，偏居川西一隅、仅有弹丸之地、数万人口的大小金川，却致清王朝先后共投入了近 60 万人力、7 000 万两白银，可见对边疆地区的有效治理历来都殊为不易。

　　历朝历代对边疆地区的治理程度并不高，很多只是名义上的归属。然而，现在中国所建立的治理结构，已经能够实现对边疆地区的实际治理，中央政府的力量已经深入到基层。如果，从大历史的角度一百年以后再回首看今天中国的这种结构，一定会发现这是一个伟大的创举。正是这种深入基层的治理结构，才使得整个中国的凝聚力空前强大。毫无疑问，这样的治理结构和今天中国的社会现实是相符合的，如果没有这种有效的治理结构，那么中国在发展经济以及抗击自然灾害中的许多政策将得不到有力的贯彻。

中国所建立的政治制度的优越性则体现在其具有非常大的弹性和开放性。中国的政治制度能够及时进行创新，并能吸收国内外的先进经验。执政党在长期执政的过程中摸索出了"先行试点"这个有力的法宝。在本届政府上台以后，中国建立了卓有成效的监督制度——巡视组制度，还推出了自贸区试点，例如上海自贸区、广东自贸区、天津自贸区。中国政治制度的开放和兼容并蓄经过这么多年的发展，已经深入了执政党的骨髓。中国执政党每年组织大批的学习考察团，对新加坡、美国、欧洲等地的政府治理经验进行学习，以期望将中国的政府治理水平提高到一个新台阶。

四、政治制度的正确衡量标准

对于一个政治制度而言，并没有当然的好坏之分，关键依然是两个衡量标准，即这个政治制度是不是能够符合国家的现实情况，另外则是这个政治制度是否能为这个国家的民众带来幸福，并不断提升他们的幸福。以这两个标准来衡量，今天中国所秉持的政治制度和美国过去两百年所采取的政治制度都称得上是好的制度。如果，将视线放到未来一百年以后，放到中国的崛起的这个大环境下，那么中美的政治制度的差异，很有可能将是两种政治道路的竞争。既然从理论上难以对中美这两种政治道路的高下做一个区分，那么最终的评价标准将是中美在百年竞争中的最终结局以及中美民众在百年中的幸福感的差异程度。当然，由于美国目前牢牢占据着全球大国的地位，因而美国的政治道路也得到了更多国家的认可。前文已经对这一现象进行了分析，这种现象也只是暂时的，因为美国现在已经是成功的全球大国，而中国正处于崛起过程中，所以美国的政治制度更容易得到其他国家的认可。但是，随着中国的不断崛起，中国模式也开始得到越来越多国家的认可。因而，中国在发展过程中无须计较中国政治制度遭受了多少质疑，中国只需要扎扎实实地做好自己的事，在中美的百年竞争中占据上风，那么中国的政治道路才会得到全球的认可。

在漫长的历史长河中，中国对现有政治制度的坚持依然需要做好两件事。首先，必须形成中国的制度自信，必须对中国的国情和政治制度有着充分的了解，从而认识到中国的政治制度是符合中国的实际情况和社会民众的需要的，从而在和美国的百年竞争中，坚定信念，不动摇对中国政治制度的信心。其次，在不改变中国政治制度"中心点"和"基本原则"的情况下，要继续根据国内的实践经验、教训以及国际的优秀经验，对中国的政治制度进行及时的发展和完善，保持中国政治制度长久的生命力。毕竟，任何事物都不是一蹴而就的，中国的政治制度也需要一个发展完善的过程，而这个过程正是中国的政治制度不断调整更加符合中国国情和民众利益的过程。

第四节　以史为鉴：戈尔巴乔夫的未竟之业

苏联也曾经像今天的中国一样是美国最大的潜在对手。时过境迁，苏联已经在世界上消失 15 年了，而中国却呈现出勃勃生机。中国历来重视"以史为鉴"，今天我们也应该反思苏联当年的教训，戈尔巴乔夫可以是反思的切入点。1985 年 3 月，54 岁的戈尔巴乔夫开始了他的"改革之旅"，这位曾经深受西方欢迎的改革家在短短的五年时间里就毁掉了一个庞大的帝国，最后留下的是他的未竟之业和迷失的俄罗斯！

一、戈尔巴乔夫的"三把火"

戈尔巴乔夫一改苏联领导人的凶蛮霸气，他温文尔雅，不吸烟不喝酒，深得当时俄罗斯妇女的欢心。当然，最终使戈尔巴乔夫当上总书记的不是俄罗斯的妇女，而是他老婆的舅舅，时任苏联最高苏维埃主席的葛罗米科。如果戈尔巴乔夫不折腾，说不定他还能守得住天下。可是他一旦眼高手低，形势就不是他所能控制的了。一个性格温和的人如果处于乱世，往往缺乏应变能力，更何况要驾驭当时已经濒临崩溃的苏联。很鲜明的一个例子就是马英九的救灾。要说马英九的人品、官品，确实打着灯笼也找不出什么缺点。可是在台湾救灾的过程中，他反应太慢了，中规中矩不敢越雷池一步，人都死了才去救灾，让人觉得不是去救灾而是去收尸，气得绿营的立委说要把他枪毙。

一心想要改变现状的戈尔巴乔夫，一上台就烧了三把火。第一把火是"发展机械行业"，这把火烧下去把苏联本身就不多的外汇烧得差不多了。这一措施有点类似于中国清朝的洋务运动，期望通过引进西方的先进设备实现自己工业水平的飞跃。

可是由于苏联的集权体制，引进来的设备根本就没有发挥作用，反而浪费了大量的外汇。第二把火是"学校电脑化"，因为戈尔巴乔夫深知教育实力最终决定了一个国家的综合实力，并且苏联向来敬重知识分子，所以这把火还是烧得有点道理。只是可惜苏联当时的物质条件根本无法实现"电脑化"，这把火最终还是没有燃起来。邓小平同志虽然很早就说过"电脑要从娃娃抓起"，可是很显然中国政府并没有像戈尔巴乔夫领导下的苏共一样头脑发热，直到现在中国政府也没有搞"电脑化"，却通过遍布各地的网吧实现了电脑化。从这一点可以看出中华民族是一个务实的民族，正如西方人所评价的"商人的性格"。俄罗斯人则不同，正如俄著名诗人邱特切夫所说的"在俄罗斯，只有信仰是可能的"，俄罗斯人内心深处似乎住着理想的魔鬼，他们可以为一种信仰抛弃一切，不论是共产主义信仰还是资本主义信仰。可问题是资本主义不是一种信仰，它是最现实的东西，它有自己的利益取向，有自己的规则和制度，俄罗斯人却依然把它当信仰搞，结果只能是对牛弹琴，最后连牛都受不了，俄罗斯人就只能吃不了兜着走，后来事态的发展恰恰证明了这一点。至于戈尔巴乔夫的第三把火则烧得"糊里糊涂"，即所谓的"反酗酒运动"。众所周知，俄罗斯人离不了烈酒就像巴西人离不开足球，戈尔巴乔夫自己不喝酒，也就理解不了喝酒人的心情。所以他觉得禁酒是利党利民利国，一旦禁酒苏联的生产效率马上就会提升，苏联人民的风气就会焕然一新，结果呢，禁酒之后大量地下酒厂就出现了，几乎占了正规渠道的70%，禁酒令名存实亡，反而催生了一大批底下酿酒厂，增加了那些饮酒人的消费负担。据统计，在禁酒的三年里，仅税收一项，就损失了300亿卢布之多。

二、戈尔巴乔夫的困境

从这三把火的效果来看，戈尔巴乔夫的执政能力确实一般，或者说苏共已经病入膏肓，小打小闹根本起不了作用，即使是戈尔巴乔夫也无能为力，除非他想想别的办法。于是，心急如焚的戈尔巴乔夫开始思量着下一个改革。留给戈尔巴乔夫的时间不多了，这三把火没烧着已经多多少少把他在党内的影响力毁掉了不少，他需要拿出立竿见影的措施，不然后续的改革可能更加难以推行。于是，戈尔巴乔夫决定大干一场。经济改革的寸步难行更加坚定了戈尔巴乔夫政治改革的决心，他认为是苏联积弊已深的官僚体制阻碍了这些优秀想法的推行，如果能够丢掉这个官僚体制，建立一个执行力强而且体制合理的政府，也许苏联就能够走出这个泥潭。这是一个民族的机会，也是一个领导人的机会，这种机会不是每个人都能有的。如果这件事做成了，戈尔巴乔夫在苏联历史上的地位只有列宁可以与之并肩了，可是如果失败了呢？或许他没有想过会是这种结局吧。

戈尔巴乔夫是一个性格温和的领导人。性格温和的领导人往往喜欢吸纳别人的意见，并不擅长于独断专行。很显然，戈尔巴乔夫也是一个尊重"民意"的人。据说，苏联的领导人有一个规律，秃头的领导人要比有头发的领导人更加温和。例如说列宁和赫鲁晓夫都是秃头的，而独断的斯大林和勃列日涅夫都长着浓密的头发。至于是不是假发就不知道了，反正表面上似乎这个规律还有些道理。苏联当时的民意有点极端，由于长期的集权体制所导致的生产力下降和生活用品的短缺，加之精神生活的匮乏，苏联人对西方的资本主义市场经济求之若渴。现在好不容易遇见一个温和一点的领导人，当然就把他们强烈的想法表露出来了。于是有了民众支持的戈尔巴乔夫更加胸有成竹，他决定甩掉让他踏上宝座的"阶梯"——苏联的官僚体制，让苏联的政治重现光明。改革的第一步便是权力的转移。

三、戈尔巴乔夫的不归之路

在政坛浸淫多年的戈尔巴乔夫知道只有掌握了权力才能把政治改革强力地推行下去。而他的那些同伴，政治局的委员们是不可能答应他的改革措施的。再怎么改革戈尔巴乔夫还是苏联的"总书记"，可是这些政治局委员们的利益就不好说了，要让他们给改革让路，没门！冲动的戈尔巴乔夫于是迈开了政治改革的第一步，那就是启用"赋闲"多年的苏维埃。1988 年，戈尔巴乔夫通过选举产生了 2 250 人的苏联人民代表大会，这个大会拥有立法、执行及经济管理大权。苏共的权利已经开始被分离了。更加让人惊讶的是各级地方也开始执行这种制度，于是一党独大的苏共开始面临着分权的危险。而这一切的始作俑者就是他们的戈尔巴乔夫。民主选举催生了苏联人民埋没多年的政治热情，一时间"民主，自由"的呼声像长了翅膀的种子在苏联群众中传播。戈尔巴乔夫本来是想以政治推动经济的改革，可是政治的这种半吊子改革不仅没有推动经济的改革，反而打破了原本统一的经济管理体系，使得国民经济一片混乱。加之民众的兴趣都放在了政治的身上，戈尔巴乔夫大力推行的经济改革根本没有多少人去关注。这个时候的苏联已经开始乱起来了。一是经济体系出现混乱，二是民众的心里已经容不下摇摇欲坠的苏联体制了。如果说这是戈尔巴乔夫的第四把火的话，很显然，这把火烧得有些过了。笔者相信戈尔巴乔夫一定不甚理解中国的成语。在中国古代的成语中有一句叫作"便聚九州铁，难铸今日错"，说的是唐朝有一个姓朱的节度使，因为自己的部下不服管教，于是便联合另外一个节度使把他的部下全杀光了。最后，那个节度使欺负他没有军队了，经常找他要这要那的。他后悔不迭就说出了上面那句伤感的话。戈尔巴乔夫如果知道了这个典故，或许就不会这么冲动地壮士断腕了。

经过第四把火的洗礼，加之苏联经济的不断恶化，还有各加盟共和国的瞎闹，苏联已经濒临崩溃的边缘。在1990年的一项苏联全国民意调查显示，32%的人认为要效仿美国，17%和11%的人分别看好德国和瑞典，甚至有一些政治派别鼓吹"彻底革命"，要抛弃社会主义，迈进资本主义。曾经提倡了"坚持社会主义"和所谓"人道社会主义"的戈尔巴乔夫显然已经落后于民意，虽然一再强调新思维，虽然一再地谋划将共产党的权利一点点分出去，但是他没有想过把社会主义给抛弃掉。可是，大坝已经被他打开了一个口子，再想堵住只怕是任何人都无能为力的事情。1991年8月19日，对戈尔巴乔夫改革早已不满的苏共高级官员终于不再坚持"总书记至上"的原则，发动了政变。可是这场意图挽救共产党的内讧恰恰给了叶利钦一个绝佳的机会，最后，不论是苏共的改革派还是苏共的保守派，通通被赶下了历史的舞台，戈尔巴乔夫的改革到此为止。历史再也不需要他了！

第五节　未来的权威

在本章的最后，可能需要追根溯源，讨论权威这个本质的问题。全球大国首先是一个国家，并且是一个民族国家，而民族国家出现才几百年的时间。这里就存在着一个问题，全球大国和目前公认的联合国在全世界谁的影响力更大，也就是说谁的权威更大。答案是明显的，全球大国拥有巨大的政治、经济、军事实力，而联合国只是一个全球国家的联合组织，其政治、经济、军事实力甚至还不如一个效果。这里就涉及"权威"这个问题。

一、对权威的再认识

随着互联网和高科技的发展以及人类思维方式的转变，"多元化"和"扁平化"成了世界的新趋势，"多元化"和"扁平化"会消解"权威"。和许多人一样，笔者对于"权威"的看法非常机械，一直保持着一元化的"权威"观念。认为这个社会只可能有一个"权威"，就像认为魔鬼的第二个诱惑中，站在高大的宫殿上的耶稣只能有一个，并且宫殿也只能有一座。其实权威本身的定义是指对权力的自愿服从和支持，并没有限定"权威"的个数。中国人由于受皇权思想的影响，一直觉得政治上的权威才是真正的权威，大部分人毕生都对政治上的"权威"趋之若鹜。在现代社会之前，政治权威的一元独大，既有其必要性，又有其可能性。

农业社会中，由于生产力发展的限制和技术水平的低下，加之思想的混乱，必须有一个统一的政治权威，才能使得农民生活得更好。政治权威坍塌的时候，往往也是农业社会最混乱和最悲惨的时候。因而，对一权独大的政治权威的需求，贯穿了农业社会的发展始末，这关系到每个人的生存大事。农业社会中，其他领域的权威都只是政治权威的附属品。另一个原因，则是权威的形成尚有一定的条件，正如魔鬼给的耶稣的第二个诱惑，他可以让耶稣站在高高的宫殿上，接受万民的景仰和臣服。在以前的农业社会，权威的形成较为容易。因为交通和通信的闭塞，农民们对信息的接受是有限和封闭的，因而只要政治人物能够取得武力上的成功，他们往往就能凭借武力和一些统治策略完成对农民们的降服，这种降服的成本相对来说十分低廉。

二、一元权威的消释

不过，这两个条件在现代社会都受到了很大的冲击。首先，由于生产力的发展和技术的进步，大部分人在一些基本观念上渐渐形成了统一的意识，人类并不完全依赖政治权威而生存。因而，政治权威逐渐失去了它的作用。例如，现在的政府可以破产，即使一个国家的许多高层同时葬身在空难中，也可能不会影响国家的正常运作。这是因为，现代社会引入了许多机制消解了政治权威的重要性，通过制定法律，设立政治运行的保障机制，加上文化约束、道德约束，这些都在一定程度上使得政治权威的一权独大不再必要。相反，人们在确保生存以后，对财富、知识、电影、音乐、服饰、环保、真相等的需求反而更大，这种需求就造成了非政治性的权威的大量涌现，例如富翁、经济学家、法律教授、主持人、明星等，如果单纯从影响力的角度来说的话，他们很多人的影响力不亚于许多国家和地区的省长或者市长的影响力。例如，被《时代》周刊评为全球一百名最具影响力人物，不仅包括美国总统奥巴马、中国国家主席习近平、国际货币基金组织总裁拉加德、巴西总统罗塞夫，还包括苹果行政总裁库克、剑桥公爵夫人凯特、世界足球先生梅西及世界高尔夫球一姐曾雅妮等等。这说明政治上的权威正在被现代社会的多元化所逐步消解，人类需要越来越多的权威。

其次，由于交通和通信的发展，使得对政治权威的一元化维持变得不再可能。农业社会的人还能沉浸在对皇帝是神的美好愿望中，那么现代社会则没有几个人会认为奥巴马会飞，或者奥朗德是上天的儿子。神秘是权威的护身符，而今电视、报纸、网络将这层护身符击得粉碎，权威自然展露了它最本真的面目，那就是它并不存在于任何地方，并且从未存在。另外，社会发展的多元化使得人类可以活动的领域越来越多，有真实的空间，还有虚拟空间，有政治界、体育界、娱乐圈、学术界，政治上的权威在褪去神秘之后，可以活动的空间越来越小，而只能将其他空间的权威拱手相让。当然，这种情况在有些政治控制极为严格的地区并不存在。在政治生活较为开明的地方，政治上的权威还要借助于其他领域的权威来成就自己的政治权威之路。

当然，政治权威一元化的消释，目前来看只是一个趋势，毕竟，世界影响力排名榜中，排在前面的还有很多政治人物。但对这个趋势的认可，至少能在三个方面改变未来世界。

三、权威的变化与世界的蜕变

首先，会改变大多数人对一元化权威的信仰，而承认多元化的存在。这个改变其实是相当巨大的。这种转变会使得你对社会的认识豁然开朗，不仅包括价值观，还包括对世界的认知。你可能会知道关键的不是对政治权威的追逐，而是建立自己在特定领域的权威。或者你也可以尝试将其他领域的权威转化为一种可以与政治力量比肩的权威，通过新媒体或者其他的一些方式。你可能会去支持这个社会其他领域的活动，而不会觉得他们不务正业。你还可能发现明星以及一些炙手可热的经济学家、法律教授的出现有其合理性。

其次，会改变大部分人对政治本身的看法。我们更多地还停留在农业社会的政治权威观念中，以为政治权威就是不得不服从的一种力量。不仅普通老百姓这么想，很多政治人物也持有这种想法。但这种想法的根基已经动摇，因为多元化对中国社会的冲击早就显现。中国目前官民矛盾剧烈的重要原因就是政治权威依然不再，而许多官员还浑然不觉。中国政治的运作应该从对权威的依赖慢慢地转变为对说服的倚重，这也是目前许多民主社会所采取的政治运作方式。

最后，即对权威的透视，让大多数人知道了权威是空中楼阁，在许多哲学家看来，这种认识可能陷入"每个人都是自己的神"的哲学命题。但这种认识可能忽略了一个问题，到底有多少人曾经认为自己是神，这种"每个人都是自己的神"的说法到底只是哲学家的一个推论，还是已然成为事实。笔者倾向于前者，对权威的透视并不会带来根本的变化。在笔者看来，每个人都是自己神的时代从未到来，并且也很难到来，我们生活的世界虽然没有了一个神，可是却出来了许许多多的神，他们虽然不再强大，却依然具有神性。

政治权威消解的趋势似乎很难评价好坏，它对未来社会的影响难以预料，可能更好也可能更坏。承前所言，宫殿已经有了几百个，每个宫殿上的耶稣也有了几十上百个，除非采取一些手段，例如强迫、引诱、胁迫，否则很难完成一元化权威的再次构建。从这个角度而言，今天所有大国所趋之若鹜的全球大国的争夺，无非也是被其背后所代表的"权威"所吸引。一旦我们社会的"权威"出现全面消解的局面，国家的权威也会随之消解，而更多的跨国家、跨区域的组织将会出现，全球大国将会是一个伪命题。连国家本身的权威都被弱化，再争夺全球性大国又有什么意义呢。不过，从现在的趋势看来，民族国家的消解依然需要很长的时间，世界依然会经历一段漫长的关于全球大国的争夺过程。

第六章　未来的全球大国

第一节　全球治理危机呼唤新的全球大国

2015 年以来，全球经济发展进一步放缓、恐怖袭击风险不断增大、大国博弈日趋白热化、民族宗教矛盾冲突更加激烈、全球治理相关重大议题解决寥寥。这些现象说明，以美国为首的全球治理体系正在走向崩溃，相对实力日趋下降、盲目倾销本国价值观的美国无法承担其全球治理"领头羊"的角色，全球治理陷入危机。"乱中求治"，全球治理危机既昭显了当前全球发展所面临的巨大困境，同时也呼唤新的全球大国和新的全球治理体系承担全球治理的重任。

一、全球治理危机

自苏联解体后，全球一体化加速发展，"地球村"的联系越来越紧密，各国政治、经济、文化、军事交流不断强化，全球经贸联系进一步加强，各国利益的趋同化、一致化愈加明显。特别是随着互联网技术的不断发展以及智能手机的普遍使用，各国社会文化、价值观的全球化趋势得到进一步增强。这种情况下，全球性议题日益凸显、全球性事务不断增多、全球治理成为必然趋势。鉴于美国在二战中所发挥的巨大作用，以及战后美国强大的政治、经济及军事实力，美国逐渐成为全球治理的"领头羊"。苏联解体之后，美国失去了重要的竞争对手，美国的"领头羊"作用更加明显。通过政治经济话语权的掌控、全球的军力部署以及文化价值观的输出，以美国为首建立了历史上第一个现代化的全球治理体系。然而，由于美国全球治理观念的日趋僵化、新兴大国的不断崛起以及国际政治经济形势的巨大变化，以美国为首的全球治理体系面临着巨大的危机，突出表现在以下三个方面。

（一）全球安全形势进一步恶化

全球安全是全球治理的主要目标之一，过去的二十年间，传统安全威胁逐渐减少，非传统安全威胁愈演愈烈。全球安全形势进一步恶化的主要表现是目前的全球治理体系在应对恐怖袭击这一非传统安全威胁上无能为力。根据相关报道，2001—2011年，全球恐怖袭击数量增长了3倍多。2013年，全球恐怖袭击死亡人数比上年增长61%，2014年，全球共有32 658人死于恐怖袭击。2015年，恐怖袭击的势头有增无减，并且呈现扩大化趋势。恐怖袭击的阴霾经久不散折射出的是当今世界广泛存在的民族矛盾、宗教矛盾以及巨大的贫富差距和全球发展失衡。今后，非传统安全威胁将会成为全球安全的主要威胁，而目前的全球治理体系过于僵化和落后，治理理念主要从某些单个大国的利益和价值观出发，无法协调各方力量共同应对小型化、复杂化、深入后方的新型威胁，全球安全形势进一步恶化。

（二）全球经济发展举步维艰

花旗集团首席经济学家布堤尔（Willem Buiter）于2015年9月预测，2016年将是全球经济衰退的开始，全球经济增长将远低于2%。面对全球经济发展的举步维艰，全球治理体系没有发挥其应有作用，反而先从自身利益出发，以邻为壑。以美国为首的发达经济体国家在经济发展上具有一定的先发优势，通过利率政策、汇率政策、贸易政策对新兴市场国家进行"剪羊毛"式的利益掠夺。事实上，新兴市场国家才是全球经济发展的主要动力，仅中国经济的发展就在2015年为全球经济增长贡献了30%的力量，发达经济体国家大多处于低速增长甚至滞胀状态，为全球经济增长贡献的力量较少，全球经济治理活动应当让更多的新兴市场国家参与。然而，目前全球经济治理的主要权力依然掌握在发达经济体国家手中，它们依靠固有的经济优势，凭借庞大的金融资源和经济贸易规则的制定权，继续维护其既有利益，通过各种手段遏制新兴市场国家的兴起，加剧了市场动荡，减缓了全球经济的发展，使全球经济发展陷入困境。

（三）全球治理重大议题久拖未决

随着全球一体化的不断拓展和信息技术的发展，全球治理的重大议题层出不穷：

防止核扩散、应对全球气候变暖、加强网络空间治理、应对难民问题、防治跨境洗钱、遏制极端宗教势力和打击跨境毒品犯罪等。然而，由于承担全球治理重任的美国及相关发达经济体国家缺乏担当，导致世界各国在共同应对全球重大议题方面缺乏信任和信心，无法建立起有力的协调机制。目前，核扩散已成星火燎原之势，全球气候变暖应对不力，网络空间鱼龙混杂甚至成为滋生恐怖分子的温床，全球治理的诸多重大议题久拖未决进一步损害了世界各国的公共利益，对于全球安全、全球发展产生了较大的负面影响。

二、全球治理危机出现的客观原因

"冰冻三尺，非一日之寒"，全球治理危机的出现是世界形势发展变化和全球治理体系长期故步自封的结果，以美国为首的全球治理体系应当承担一定的责任。追根溯源，全球治理危机的出现既有客观原因也有主观原因。客观方面，全球治理危机的出现，既是地理大发现数百年以来全球政治、经济、文化深度交融的必然结果，也是新的治理领域、治理难题不断出现的必然趋势，现今全球治理所面临的复杂情况和诸多难题是人类历史所罕见的。

（一）全球一体化加深，新领域出现

全球一体化之前，并不存在全球治理的相关议题，各个国家和地区以地理划分为界限处理各自事务。全球一体化前期，全球政治、经济、文化的融合度并不高，因而以国家或地区为主体处理全球事务的方式尚能适应客观需要。全球一体化进行到现在，随着经济的发展、科技的进步以及全球一体化的加深，各个国家的经济依存度显著提升，全球文化和价值观的趋同化越加明显，国内事务和国际事务的划分更加模糊，出现了许多需要国内外协同处理的新的治理领域，例如，应对全球气候变暖、加强网络空间治理、打击跨境洗钱及跨境毒品犯罪等。面对新的形势，以美国为首的全球治理体系未能及时进行变革和应对，全球治理出现危机。

（二）外溢效应增大，全球治理困境凸显

全球一体化的发展既增加了新的治理领域，同时也增大了相关问题的外溢效应，使得全球治理困境愈加凸显。原本局限在一个国家或地区的难题，由于全球日渐加速的信息流动、资金流动、人员流动、物资流动，能够迅速扩展到其他国家和地区，乃至全球。例如2008年的美国金融危机、2015年的中东难民问题等。外溢效应的增

大需要有效的跨国家、跨地区之间的治理机构和治理机制，而目前的全球治理体系过于关注传统安全威胁，治理观念落后，无法对这些波及数个国家和地区的事件进行及时的预防和应对。

（三）互联网信息技术进一步发展，治理难度加大

互联网信息技术的发展进一步增加了全球治理危机出现的可能。互联网具有无国界、交流成本低、形式多样的特点，是现实社会之外的另一种相对独立的社会空间。目前，世界上主要发达国家对于互联网空间的管制程度较低，使得互联网犯罪现象愈演愈烈，并且出现了全球化的趋势，治理难度进一步加大。洗钱、恐怖活动、极端宗教活动、色情活动、腐败活动均能通过互联网进行。例如，"伊斯兰国"招募的许多"圣战"分子便是通过网络空间实现的。各个国家和地区关于互联网空间的治理依然是各自为政，面对着独立化和覆盖全球的互联网社会，各自为政的治理只会导致互联网犯罪活动的全球流动，加大互联网空间的治理难度。

三、全球治理危机出现的主观原因

全球治理危机出现的主观原因主要与美国相对实力下降以及美国在全球治理体系中的"失职"有关，美国未能充分履行其全球治理"领头羊"的角色，同时又在诸多问题中错误地履行了其全球治理领导者的角色，进一步加剧了全球治理危机。

（一）美国实力减弱，难以担当"领头羊"

二战以后，由于第二次世界大战削弱了诸多大国的实力，美国在全球的相对实力快速上升，迅速获得了具有全球影响力的政治、经济、军事权力。同时，通过马歇尔计划和日本战后的重建，美国也获得了盟国更坚定的支持，美国全球治理领导者的角色基本奠定。随着和平与发展逐渐成为全球的两大主题，世界形势趋于平缓，新兴市场国家发展潜力释放，新兴市场国家不断发展壮大，美国的相对实力不断下降。以出口为例，美国在全球出口中的份额从 12% 下降至现今的 8% 左右，而中国、印度等国的出口份额则迅速攀升。伴随着实力的下降，美国的政治、经济、军事权力也相应得到削弱，美国对盟友的影响力也逐渐衰弱，美国担负起全球治理领导者的难度逐渐加大。

（二）美国治理思维僵化，加剧全球治理危机

与实力减弱相伴随的是美国的全球治理思维僵化，在全球治理时以自我为中心，打击排斥异己，以本国的价值观念和政治制度为准则，在"人权高于主权"的原则下干涉他国内政，经常发动不必要的战争，造成地区动荡，给相关国家带来了巨大的灾难。美国凭借自身实力，过分强调政治正确，忽略了其他国家经济发展以及历史文化的差异，贸然使用武力干预他国内政，在削弱本国经济实力的同时，也造成了全球动荡，并进而冲击了全球的外汇市场和股票市场，加剧了全球治理危机。

（三）美国打压新兴国家，大国博弈使得全球治理环境进一步恶化

美国缺乏"合作共赢"观念，固守"政治正确"的做法还表现在美国大力打压新兴市场国家，导致全球大国博弈更加激烈，使得全球治理环境进一步恶化。对于俄罗斯，美国通过欧盟东扩不断挤压其生存空间，同时积极策划"颜色革命"造成俄罗斯和周边邻国持续动荡。在乌克兰危机之后，美国还通过经济金融制裁等手段继续打压俄罗斯。对于中国，美国通过"重返亚太"，搅局南海等遏制中国的兴起。同时，美国还在亚投行、人民币国际化、TPP等问题上给中国制造难题。美国打压新兴市场国家的做法，使得国与国之间的对抗更加激烈，对于解决相关全球议题有害无利。

四、全球治理危机的应对

面对前所未有的全球治理危机，亟需以"命运共同体"的视角看待当今全球治理中的各种议题，以"开放包容、合作共赢"的原则处理国际问题，并积极改变目前的全球治理思维，改革全球治理体系，同时加紧对新领域的治理，并在适当时机遴选新的全球大国取代美国在全球治理中的角色。

（一）改革全球治理思维，倡导全球"命运共同体"

先进技术的应用和思想观念的进步使得人与人之间、国与国之间的联系越来越紧密，全球"命运共同体"成为全人类的真实写照。"牵一发而动全身"，任何国家和地区的动乱和危机都有可能对全球产生影响，都有可能影响到其他国家和地区的人们的重大利益。在利益高度交织、命运高度共存的今天，必须摒弃冷战思维和大国争霸思维，认清现实，以"开发包容、合作共赢"的全球治理思维进行健康、持久、有序的全球治理，才能减少国与国之间的摩擦、减缓国家与地区之间发展不

平衡的趋势，才能让全球走出治理危机的困境。

（二）改变全球治理体系，接纳新兴市场国家

新兴市场国家的兴起难以避免，全球治理体系应当给予它们应有的角色。英国国防部《2035年未来作战环境》报告认为，新兴市场国家，例如巴西、印度、印度尼西亚、尼日利亚等国将拥有越来越庞大的区域重要性，英国将和这些新兴市场国家一样成为中量级国家。新兴市场国家将在发展中逐渐壮大，也将在发展中获取越来越大的政治、经济和军事权力。目前的全球治理体系对待新兴市场国家显然过于保守，没有发挥新兴市场国家的应有作用，必然难以实现全球治理的全面参与，对于全球治理的有序开展尤为不利。

（三）制定新规则，完善新领域的治理

互联网社会的崛起是世纪之交人类发展的重大主题，也是人类进一步发展需要面对的重大课题。互联网社会在推进社会交往、商品流动、生产发展等方面发挥了积极作用。但是，互联网社会也导致人类生活的碎片化、虚拟化，互联网犯罪现象也时有发生。如何更有效地治理互联网空间，减少互联网社会对人类的负面作用，是全球治理必须解决的问题。互联网社会涉及全球几乎所有国家和地区，没有全球的协调和应对，互联网空间的有效治理只会成为"空中楼阁"。因而，亟需在全球一体化的框架下，制定互联网空间治理的新规则，完善新领域的治理。

（四）发展新的全球大国，完善全球治理体系

作为当今唯一的全球大国，美国目前的地位难以取代。然而，美国及其所领导的全球治理体系已经千疮百孔、漏洞百出。美国坚持错误的全球治理思维，采取不合时宜的全球治理措施，导致恐怖主义泛滥、全球经济发展举步维艰、全球治理重大议题久拖未决，美国继续领导全球治理体系将会进一步加深全球治理危机，加剧全球局势的动荡，也会对整个人类的发展产生难以评估的负面影响。鉴于此，应当发展新的全球大国或者区域组织，以其更强大的实力、更务实的理念、更适宜的举措领导全球治理体系，带领全球走出目前的治理危机。

第二节　平行社会：互联网社会的崛起

社会是在特定环境下共同生活的个体通过各种社会关系联合起来的集合，而人类社会即是在人类发展的过程中，因为家庭关系、宗族关系、文化习俗等原因联合起来的人的集合。在互联网社会出现之前，人类社会主要是现实社会，即有着实际存在的人、物、事，受地理界限和物理规律的诸多限制，也被"物竞天择，适者生存"等生存法则约束。互联网社会（包括 PC 端和移动端）作为一种新的社会结构形态出现之后，人类社会开始进入现实社会和互联网社会并存的时代。这一时代特征在 20 世纪 90 年代之前是不存在的。在此之前，全球大国的形成过程中无须考虑互联网社会的影响，随着互联网社会的不断崛起，互联网社会和现实社会平分秋色的时期似乎指日可待，互联网社会的崛起成为 21 世纪最重要的时代特征之一，我们在讨论全球大国这一未来全球秩序主导者的时候就不可能再回避互联网社会的崛起这一问题。

一、互联网社会的发展

如果将互联网社会的发展和现实社会的发展进行类比，那么判断今天的互联网社会处于何种历史时期即是当务之急。和其他社会形态一样，互联网社会也可能经历萌芽、发展、成熟、衰落等阶段。如果类比现实社会的发展路径，互联网技术大规模使用到现在不到 30 年时间，互联网社会的发展应当还处于萌芽期。然而，由于互联网技术发展的日新月异，互联网社会的发展可能不会像现实社会一样漫长，也不一定会重复现实社会的发展路径。根据互联网社会的发展现状和技术爆炸的可能性，互联网社会目前也许正处于萌芽期向发展期转变的重要阶段。例如，在互联网普及率方面，2016 年，全球互联网用户为 33 亿，占人类总数的 45%。就中国而言，2014 年，我国已拥有 6.3 亿网民，12 亿手机用户，5 亿微博、微信用户，每天信息发送量超过 200 亿条。在互联网的商业应用方面，中国电子商务交易额占 GDP 的比重达到了 20.42%，网络零售额占社会消费品零售总额的比例为 10.6%，跨境电子商务交易额占进出口总额的比重为 15.9%。作为发展中国家，中国的互联网整体发展水平在全世界处于中等，中国的数据可以说明互联网社会开始在人类生活中占有越来越重要的地位。并且，从当前的发展趋势而言，互联网在人类社会中的重要性还在快速增长中。

当前，互联网社会依然是现实社会的附庸，脱离了现实社会，互联网社会无法完整存在。互联网社会能够为人类的衣食住行解决许多问题，但人类的生老病死依然无法在互联网上完成。互联网社会作为一个社会而言，仍然是不完整的，尚未系统化，也无法形成一个有效的闭环。然而，互联网社会的发展亮点正是因为它是基于人类的技术发展而产生的，并且是虚拟的，在人类目前"脱实向虚"的大环境下，在 AR 技术、VR 技术、人工智能技术、生物技术或者其他可能技术的支撑下，互联网社会的未来是无法想象的，甚至会完全改变人类的生存方式和存在方式。在互联网社会的发展过程中，互联网社会将会越来越独立，互联网社会可能终有一天会取代现实社会。

二、互联网社会的三个维度

在民族国家形成之后，社会中的三个主体主要是个体、群体以及国家，同样，观察和研究互联网社会也可以从这三个维度切入，逐一进行分析。互联网出现之后，首先是个体开始进入互联网社会，随后是互联网社会中小群体的形成，最后，互联网社会在全球化的背景下也开始和国家的主权范围开始重叠。进入了互联网社会的个体、群体和国家都表现出与现实世界的它们有一定的差异。互联网社会对个体的影响慢慢传递到群体，继而开始对整个国家和地区产生影响。例如，互联网社会的发展已经对主权国家社会的治理机制、控制机制产生影响。整体而言，互联网社会所引起的现实社会的变化是一个开端，在变化的基础上，我们需要梳理出各个主体所呈现的变化特征及其隐藏原因，为如何应对这些变化做好思想准备。

互联网的出现改变了很多事物，互联网有的时候是一张网，有的时候是一个实体，有的时候又是一个空间，互联网本身就是复杂的。而之所以提出互联网社会这个概念，是因为互联网已经开始具备一个社会的基本特征了，许多个体和群体，乃至国家高度依赖互联网，并能通过其完成部分人类活动。相对于现实社会而言，互联网社会是虚拟的，但是它已经基本成型了，并且还在快速的发展之中，互联网社会的未来不可估量。

三、互联网社会的个体维度

基于互联网社会出现后的现实状况的改变，个体在很多方面，例如，生活习惯、性格、思想等方面都发生了潜移默化的变化。个体可以通过互联网进行许多个人活动，例如聊天、吃饭、购物、娱乐、金融投资等，这些活动在互联网社会出现之前只能在现实社会中完成。互联网社会出现之后，越来越多的活动可以在互联网上完成。除了人类获取能量维持生存、繁殖下一代、睡觉等这样的物理性行为无法在互联网社会完成之外，许多其他的人类活动，尤其是偏思维性的活动，基本上都可以在互联网完成。

（一）不一样的"个体"

现在的"个体"，和互联网社会出现之前的"个体"已经不一样了。例如，在生活习惯方面，现在的个体喜欢通过互联网进行交流而不是面对面交流，变得更加的"深入浅出"，更喜欢待在狭小的空间，待在互联网中的时间越来越多，待在现实中的时间越来越少。另外，现在的个体对社会事物的认知、偏好也发生了很大变化，现在的个体变得更加自我，更具独立意识，更加急躁，更少耐心，更加依赖互联网社会而不是现实社会。如容易对长篇大论的文章产生反感、容易对缺乏新意的重复产生厌恶感。个人可支配的时间也变得更加碎片化，各种零碎的言论和信息占据了个体大部分的时间。

互联网社会对现实社会的破坏力非常巨大，它充满张力的信息扩散机制和独特的运作机制，与孕育人类的现实社会有着本质的不同，互联网社会开始颠覆人类在现实社会中形成的一整套观念体系和价值体系，使得互联网社会中个体的未来变得更加茫然。过去认为哗众取宠的东西，在互联网社会出现以来，得到了越来越多的认可，例如"网红"开始为许多人所接受，像芙蓉姐姐、凤姐、papi酱等这些在现实社会中不太可能出现的人物，在互联网社会中接连出现，通过吸引眼球进而实现了他们自身的成功，形成了"网红效应"，进而刺激更多的个体进行各类怪异的尝试。新的群体的出现，是互联网社会出现的一个重要迹象，说明现实社会中所不具备的新的权力结构和新的社会规则开始在互联网社会中显现。

（二）不一样的社会

现今的个体生活在两个社会，一是现实社会，二是互联网社会。个体在互联网社会之中发生各种联系，个体和许多物体之间通过互联网社会产生联系，我们所熟悉的社交软件、O2O的软件，都是基于互联网社会或者互联网社会与现实社会的联系而产生的，APP的大量使用则使我们越来越深地嵌入互联网社会中。我们在两个社会中所表现出来的差异，有时细微，有时巨大。现实社会的好人可能是互联网社会的坏人，互联网社会的坏人也有可能是现实社会的好人。现实社会中文质彬彬的君子在互联网社会中可能经常爆粗口；现实社会中温文尔雅的人，在互联网社会中可能是一个不折不扣的流氓；有的个体在现实生活中可能是一个称职的父亲，在互联网社会中可能是一个儿童色情爱好者。有许多学者认为互联网社会让人的天性得到解放，但实际上互联网社会的出现改变了人的思想和行为，甚至可以说，互联网社会中，天性并非解放而是发生了变异。

个体天性的改变已经发生。例如，互联网社会出现之后，个体的信息获取途径、个体生活的广度和宽度都已经发生显著变化，而在变化的背后，则是人的思维方式、思维习惯、价值观等一些人之作为人的特性的改变，这种改变是质变。所以说互联网社会出现之后，人已经变异了。

（三）产生差异的原因

为什么人会在两个社会中形成两个不一样的自己呢。首先，因为人类的交流机制发生了重大变化。现实社会不是虚拟的，是直接接触的，现实社会中，人和人的交往过程是即时的，这种真实交往过程所带来的一种心理效应是个体的表达，个体所进行的每个行为都可能会对交流的对象产生明显的影响，并且个体能够即时通过交流对象的表情或者言语、行为等得到反馈，进而对自我的言语、表达后果进行评估。正是现实社会的这种交流机制形成了人类的语言、人类的个性、人类的思想价值体系以及人类的文化，现实社会的交流机制是人类之所以能够成为人类的一个重要原因。而在互联网社会中，这种交流机制被极大地弱化了。互联网社会中，个体可能不会得到交流对象的立即反馈，个体陆续能获取的反馈甚至也只是交流对象的留言或者表情。个体甚至可以直接将交流对象屏蔽，从而无须获取任何反馈，延迟的反馈和无须反馈都会让个体难以对自我的言语和表达后果进行评估，从而可能使得个体不会对自我的一些表达和行为进行约束。互联网社会使人类联系越来越紧密的同时，也让个体之间越来越分离。互联网社会在传播自由、平等理念的同时，也让每个个体都成了自己的"皇帝"，只需要对自己负责，无须对他人和社会负责。所以，现实社会的各种规则约束多，互联网社会的各种管制少。这是互联网社会出现之后，个体会发生变化的第一个原因。

其次，年轻的互联网社会尚缺乏许多成熟的治理规则和思想观念。现实社会中的各类规则和思想观念经过长时间的发展已经基本成型，例如族群制度、血缘关系、科层制度、荣典制度以及"杀人偿命"、"父债子还"等思想观念，而互联网社会尚缺乏许多成熟的治理规则和思想观念，很多的语言和行为在互联网社会中尚缺乏制度化的反馈，处于萌芽阶段的互联网社会现在类似于人类现实社会中的原始社会。由于互联网社会尚处于原始状态，个体在互联网社会中也就表现出了一种原始状态。

另外，人类社会依然以现实社会为主。目前互联网社会只是现实社会的附庸，所以个体会更加重视现实社会中的表现，而忽略互联网社会中的表现。最后，则是因为现实社会个体与个体之间主要是熟人之间的交往，在交往过程中，现实社会所形成的亲情、友情、乡情等非理性的感情会对个体产生影响。在互联网社会中，个体与个体之间大部分都比较陌生，缺乏感情因素的约束。而缺乏感情的约束会使得个体更难自律，更少顾忌，很多情绪、很多语言会表达出来。所以，我们可以观察到，自从互联网社会出现以来，同城交友软件、异性交友软件，如陌陌、微信等产生了很多陌生个体之间的交集，而这些陌生个体之间的交集甚至一瞬间超越了现实社会中熟人之间的紧密度。互联网社会改变了人类原有的性爱规则和感情规则，这是互联网社会对我们原有社会、人际关系的一些颠覆性的改变，同时也是对人性的改变。

四、互联网社会的群体维度

互联网社会对于社会群体的改变也令人惊诧。群体包括个体所在的家族、亲族、自然村、社区、单位、同乡会等组织。互联网社会对于群体的影响主要表现在以下三个方面：首先，个体在日常的交往中可以了解群体中其他个体的更多信息，例如生活信息、消费信息、旅游信息，这类信息主要通过社交媒体等展现出来的，如微信朋友圈。其次，在日常生活中，群体的现实社会中的联系被弱化，而群体在互联网社会中的联系得到了强化。最后，互联网社会的渗透让群体的关系更加扁平化，例如，原本存在着等级的群体内部，可能会变得更加扁平。原本在一些亲族和机关单位中，晚辈、下级和族长、领导的关系一般是疏远的，权力的"神秘性"也是如此要求的，族长和领导往往能够通过这种疏远保持相对的权威。互联网社会出现之后，信息的传播和扩散更加容易，而晚辈或者下级也有了更多的渠道了解族长、领导的私人生活，进而褪去了族长和领导原有的"神秘性"，权威也在"神秘性"的褪去过程中被无形销蚀。

互联网社会之所以会导致群体产生以上三种变化，主要原因是：互联网社会极大地弱化了群体之间在现实社会中的联系，而强化了群体之间在虚拟社会中的联系。互联网社会中，个体之间的表达能力和渠道天然就是平等和开放的，这种平等和开放扯下了原有的权力的神秘面纱，让群体中的个体变得更加平等，从而也让群体的结构变得更加扁平。人类花在互联网社会中的时间越多，社会群体所呈现出来的扁平化特征就越明显。显而易见，互联网社会的出现对群体中原有的权威、组织机构和科层制产生了很大的冲击，这种冲击目前尚不明显，却已逐渐显露，越来越多的企业和非政府组织开始重视扁平化的管理。或许对于群体的领导者而言，适应互联网社会的新变化，对权力的运作方式和群体的内部结构进行适当的变革将会更能适应新形势。

五、互联网社会的国家维度

互联网社会对于国家的影响，主要表现在，由于互联网社会的信息传播缺乏"把关人"，使得国家越来越难以有效掌控网络议程，同时，互联网社会对现实社会产生的各类影响使得国家治理难度加大。互联网社会出现之后，信息传播突破了现实社会中的诸多限制，可以通过多种手段和方式进行扩散，传播的内容也变得更加多样。面对着扁平化的互联网社会，科层制的主权国家一时难以对互联网社会进行有效的治理。另外，由于互联网社会中，个体与个体之间关系更加紧密，信息扩散的途径多，方式更加灵活，国家的治理难以深入互联网社会中的大部分空间，也难以及时对一些突发的事件做出反应。

（一）政府功能的弱化

一些组织体（主要是公司和一些国际互联网组织）取代了政府在现实社会中的功能，成为互联网社会中的真实治理者，例如"BAT"。百度在搜索领域中的权力，腾讯在社交软件中的权力，淘宝在电商领域中的权力以及支付宝在支付领域中的权力极像北洋军阀时期军阀占地为王的景象。例如，备受争议的"淘宝小二"，实际上是在淘宝中综合履行了政府中的发改委、市场监管、城管等的职能，正是因为其权力巨大，才能有资格进行"寻租"。"绝对的权力导致绝对的腐败"，权力的表现在现实社会和互联网社会中并无任何不同。目前，主权国家的存在尚能对这些组织体进行有效的管制，然而，互联网社会的进一步发展势必会对主权国家的影响力和权力造成冲击。或许，不久之后，如何有效应对互联网社会中的寡头会成为互联网社会中的一项重大议题。另外，一些"别有用心"（主要是商业目的）的组织和个人通过各种运作，也占据了互联网社会空间中的部分话语权，从而能够在一定程度上引导甚至操控民意，传播谣言。例如知乎"永久封禁6大V"事件中，可能就存在着一些公关公司的员工通过各种运作成为大V之后，试图发表某些有影响力的文章来引导民意。这说明，天然扁平化的互联网社会如果缺乏有效的管理，在利益的诱惑下，极有可能陷入人类原始社会中的混乱状态。

（二）变异的权力运行机制

为了对冲互联网社会信息传播的天然弱点，互联网社会也为每个网民提供了成为节点的机会，在互联网社会正常运行的情况下，每个网民都拥有发言权。即使个体在现实社会中地位很高，拥有很大的影响力，但在互联网社会中也只是一个普通的节点，一个普通的发言者。由于互联网社会尚未脱离现实社会而存在，个体可以通过现实社会的其他途径加强其在互联网社会中的影响力。例如，公布个体在现实社会中的身份，申请加V等。这种方式需要个体去打通现实社会和互联网社会中影响力链接的通道，个体才能把其在现实社会中的影响力转移到互联网社会。许多个体在现实社会中影响力可能比许多"网红"要大很多，但是其在互联网社会中的影响力并不大，甚至比许多"网红"小很多。互联网社会和现实社会的分离令相同的个体在两个社会中的影响力出现较大的差距。这种差距的存在要求社会的个体、群体不仅要注重强化其在现实社会的影响力，也应当注重扩大其在互联网社会中的影响力。

现实社会中的一些个体和群体，具有较大的世俗权力，可以通过制定相应的法律规章制度对互联网社会产生影响，但是这种影响是从现实社会向互联网社会所施加的，而不是基于这些个体和群体在互联网社会中的地位所施加的。具备世俗权力的个体和群体尚能通过现实社会对互联网社会施加影响的原因是，互联网社会是从现实社会中脱胎出来的，还没有形成完整的社会系统，尚且属于现实社会的附庸。然而，随着虚拟技术的进一步发展，未来的互联网社会是否依然能够被现实社会所主导是未知的。

（三）无法预料的未来

互联网社会快速发展的原因有许多。首先，现实社会发展的需要导致互联网社会的出现。现实社会发展到一定阶段，资金流、物流、信息流的融通愈加复杂，需要超越现实社会本身的一些载体进行承接，互联网应运而生。而原本作为现实社会的附庸的互联网社会，经历了一定的发展后，形成了逐渐独立的趋势，刺激了人类新的需求的产生，改变了人类的思维方式和价值观。其次，互联网空间的监管空白等后发优势促进了互联网社会的快速发展。例如，互联网金融和互联网电子商务发展的部分原因是因为和现实社会相比，互联网存在着比较大的套利空间。金融和零售批发行业在现实社会中存在着完善的，甚至是过度的监管，但在互联网上却存在着巨大的监管空白，这就刺激了互联网金融和互联网电子商务的套利者的出现，同时也促进了互联网社会的形成。第三，经济的发展是促进互联网社会产生的最重要原因。经济的发展带动了技术的发展，从而为互联网创业提供了资金、技术支持，同时还刺激了对互联网产品的需求。最后，随着现代社会的发展，个体变得越来越独立、社会变得越来越碎片化，人与人之间需要新的联系方式，"虚拟化"的优势日益凸显，"脱实向虚"成了人类发展的主流趋势，而互联网社会恰恰提供了这样一个途径。

六、互联网社会的治理

关于互联网治理涉及两个方面：一是国与国之间关于互联网治理权限的划分问题；二是关于国家内部互联网空间的治理问题。

（一）全球治理的不平等

就全球而言，互联网域名等一些互联网的关键资源的分配权似乎掌握在如互联网名称与数字地址分配机构等非政府组织手中，实际上这些非政府组织的背后是美国政府，美国政府实际上在管理着全球互联网社会的基本资源。相关主权国家和组织对于美国牢牢掌控着全球互联网治理权限这一现状甚为不满，希望能够改革现有的全球互联网治理架构，获得和本国国际地位相匹配的治理权限。也有许多学者认为主权国家不应该干预互联网社会的发展，应当通过网络化而不是国家来治理互联网社会。但是，在目前的国际地缘政治形势下，主权国家是最重要的国际权力主体，没有主权国家参与到全球互联网社会的治理，就无法对美国掌控全球互联网治理权限进行有效的制衡，全球互联网社会依然会是美国政府的后花园。就国家内部的互联网空间治理而言，相关的主权国家尚能够在本国的法律体系和政府治理框架下对本国的互联网空间进行治理，但依然面临着前所未有的治理困境。

（二）社会治理能力减弱

所谓社会治理的核心其实是要令大部分人能够按照政府所认可的现有规则体系行事。历史的经验数次证明，没有治理的社会将会混乱不堪，社会生活成本也会非常高，因而，有序的社会几乎对大部分人有利。现实社会的治理主要通过两种机制进行：一是确立权威；二是形成科层制等治理架构。社会规模越大，社会治理难度也相应增大。科层制能够实现权力的传导，适宜治理规模较大的社会。现今的社会有多种权威，如政治权威、经济权威、军事权威、法律权威等，这些权威主导了相关领域规则的制定并进而在一定程度上共同决定了社会未来的发展方向，而科层制提供了保障规则执行的机构。现实社会在互联网社会出现之前主要是通过上述两种机制完成社会治理的。

互联网社会崛起之后，我们发现原有的社会治理机制渐趋失效。因为互联网排斥权威，或者说互联网社会中的权威是极不稳定的，因而无法发挥现实社会中权威的作用。互联网社会中，各个主体天然是平等的，智商和体力的差别也非常容易湮没在互联网社会如潮水般的表达中。在互联网社会中存在着很多的意见领袖，例如大V，他们的意见往往能够迅速在网上形成影响力，他们是互联网社会中的短暂权威。大V们在互联网社会获取影响力的方式和现实社会中的领导者获取影响力的方式有较大的不同。现实社会中的领导者主要通过自己的努力获得经济、政治、军事等社会地位，从而能够对现实社会中的许多个体产生影响。而互联网社会中的领袖通过制造轰动性事件，发表自己的看法，分享自己的生活、感悟，并在和粉丝的互动过程中获得其在互联网社会中的地位和影响力。现实社会中的领导者和互联网社会中的领袖获取影响力的最大不同在于，现实社会中的领导者需要占据关键组织的关键位置，而互联网社会中的领袖更多的是需要吸引眼球，适时发表意见。在互联网社会中并不存在所谓的科层制，所有人都是独立的个体，各个主体基本都处于弱联系的状态。在互联网社会中也存在着多种群体，例如粉丝团、QQ群、贴吧，然而这种群体之间的联系相比一般现实社会中族群的联系弱很多。

（三）社会治理机制需自我革新

我们可以观察到，现实社会中的领导者的权力往往更加趋向于硬权力，而互联网社会中的领导者的权力往往更加趋向于软权力，需要通过取悦和互动来发展和稳固自己的影响力。所以，互联网社会的领导者的地位根植于网民的关注度和认可度，互联网社会是消费至上的最好时代，也是娱乐明星和娱乐业的最佳年代。互联网社会是大众的狂欢，民粹主义的潘多拉魔盒已经打开，互联网社会所展现出来的民粹化倾向令人担忧。

由于传统的权威无法发挥作用，而科层制又几乎在互联网社会中失效，加之互联网社会治理的全球背景，现今许多主权国家对于互联网社会的管控力非常低。治理互联网社会是一个巨大的难题。首先，互联网社会无法使用许多现实社会中行之有效的治理手段。之前线下的许多犯罪活动，例如银行卡信息买卖、非法集资、卖淫嫖娼，从线下转入线上后，打击难度加大，打击犯罪成本增加。其次，互联网社会是新型的社会，目前关于互联网社会的运作方式和治理方式的探讨并不多，如何对互联网社会进行有效治理的经验也相对较少。另外，互联网社会和现实社会同时并存的"双轨"社会也为我们治理互联网社会增加了难度，而互联网社会的全球化，又为主权国家治理互联网社会难上加难。最后，互联网社会的一些寡头开始出现，例如百度、腾讯、阿里，这些互联网社会中的寡头在互联网社会中极具权力，往往能对互联网社会产生举足轻重的影响，如何对这些互联网社会的寡头进行治理，防范它们的违法犯罪行为和过失行为，同时又能减少对互联网社会发展的限制，也是值得思考的问题。在这种状况下，现实社会的治理机制希望在互联网社会中继续发挥作用，就必须进行自我革新。现实社会的治理机制必须完成质的转变，方能适应互联网社会的新形势。

七、互联网社会与全球大国

随着互联网社会的发展趋势日渐明显，主权国家在互联网社会中的影响力问题也需引起足够的重视。面对互联网社会的蓬勃发展和独立化趋向，主权国家尤其是全球大国必须对互联网社会发展可能带来的社会的变革、人性的改变以及相应的全球权力的获取和运作规则的变化进行更为深入的思考。纵观全球历史，主权国家关于全球大国的争夺，从军事领域扩展到了政治领域，从政治领域继而扩展到了经济领域，而互联网社会的崛起又使得主权国家关于全球大国的争夺扩展到互联网空间。因而，重视互联网社会的崛起这一基本事实，将是主权国家，尤其是全球大国的执政者无法回避的问题。

互联网社会的发展路径无外乎三种模式。一是互联网社会在发展到一定阶段之后，由于各种原因开始衰落，现实社会依然在人类社会中占据主导地位。主权国家依然在现有的国际政治规则中争夺全球大国的领导权。二是互联网社会在逐步发展过程中不断地侵蚀现实社会，并在虚拟技术和人工智能技术的辅助下，完成了对现实社会的替代，人类社会进入了互联网社会即"虚拟社会"为主的时代。人类的生存方式、生活方式、思维习惯和价值观都发生了颠覆性变化，人类社会的运作机制、管理方式，乃至全球权力的获取和运作规则都发生了重大改变，人类进入了一个新的难以预料的时代。无法预料这种时代背景下主权国家将以何种方式争夺全球大国的地位，可以预见的是能够尽早掌控互联网社会的主权国家，或者能够及早完成和互联网社会融合的主权国家将在全球大国竞争中具有更大的竞争优势。另外，互联网社会的完全崛起也可能会极大地改变现有的国际政治格局，一些新的权力主体可能不断涌现，并可能取得意想不到的权力。三是互联网社会在经历了长期的发展之后，进入了和现实社会并驾齐驱的时代，互联网社会和现实社会并存，人类社会进入了"双轨社会"时代。"双轨社会"无疑对主权国家灵活性、开放性以及治理能力方面提出了更高的要求，因而能够适应和掌控"双轨社会"的主权国家将在全球大国的竞争过程中拥有更大的优势。目前看来，第二种模式和第三种模式最终成功的可能性较大。因而，主权国家，尤其是全球大国的竞争者，应当充分认识到互联网社会崛起这一重大现实，加强对互联网社会崛起的背景、方式、机制、影响等的前瞻性研究，为应对互联网社会崛起后的新世界做好充足的准备。不论是现实社会抑或互联网社会，仍然需要强有力的权力主体来捍卫其发展，主权国家尤其是全球大国仍然将在互联网社会的发展过程中发挥重要的基础保障和定纷止争的作用，这可能依然是任何人类社会发展所无法避免的。

互联网社会的崛起提出了一个永恒的命题，人类将向何处去？阿尔法狗战胜人类似乎已经拉开了技术改造人类的序幕，而承载着无限联通功能的"互联网社会"，是否会将人类社会拉入一个永恒的天堂，还是一个可怕的噩梦，都是无法预料的。在互联网社会的崛起过程中，主权国家，尤其是全球大国又会发生什么样的变化，这次新的社会崛起到底是主权国家的屠宰场，还是主权国家的养老院，都不得而知。唯一可以期望的是，人类或许可以借助互联网社会的崛起进入更加变化莫测的未来和更加宽阔的宇宙，完成这一使命或许依然需要依赖某个全球领导机构。

第三节　异军突起：管制资本的力量

全球资本的流动越来越像一股无法控制的洪流，在各类市场中不停地游走，并带来许多国家想要或者不想要的繁荣与衰落、胜利与失败、富裕与贫穷等。资本的力量以从未有过的姿态开始了它在全球的征服之旅。受制于全球化的竞争环境、法律法规体系和自由市场经济的基本原则，主权国家无法对资本进行有效的约束，而这种状态又进一步加剧了资本在国家力量的缝隙中运作的信心，资本的力量更加桀骜不驯。

一、资本力量愈加强大

现有数据表明，主要发达国家主要是以私人资本为主，公共资本很少或者几乎为零，甚至还有为负数的。托马斯在《21世纪资本论》中指出，从长远来看，资本的收入在国民收入中的比重会越来越大，资本的增长率高于经济的增长率，在这一趋势下，全世界的资本开始更多地集中在少部分私人手里，随着时间的推移，私人资本的总额将会越来越大。越多的资本就意味着越大的权力，资本所有者掌控国家和城邦主权的案例在历史上并不鲜见。甚至可以说，已经不断削弱的国家主权在21世纪遇到了历史上最大的挑战，资本力量在21世纪将会变得越来越重要，对资本的管制也非主权国家一力所能承担。

全球市场的建立和越来越多的政治正常化的国家，使得国家之间的竞争更加激烈，国域竞争导致更多的国家必须对资本保持谦逊的态度，必须使用各种手段吸引全球资本的流入，甚至可以说招商引资将在全球范围内发生。投机的热钱会被憎恶，但是立足于长远发展的投资会被主权国家青睐，这些有吸引力的资本将有足够的力量让这些主权国家在市场环境、法律政策方面做出必要的调整和改变，进而可能改变这些主权国家的政治生态和国家发展模式，并且也会使得这些主权国家更加深入地融入全球发展。由于热钱和正常的投资并不总是能够清晰地区分，所以捣蛋的热钱也会让这些主权国家非常头痛。热钱的大量涌入会推高一个国家的资产价格，在短时期内引发某个行业或者整个国家的较高的通胀，同时也能推高这个国家的经济增长率。而热钱的突然撤出引发的问题更大，可能会导致一个国家经济增长停滞，甚至出现货币崩溃的局面，应对不力国家的经济可能在短时间内急速衰退，引发一系列的社会问题。在政治、资本和社会的三方力量中，政治的力量曾经几乎拥有一切，资本的力量曾经微不足道，然而，随着经济、金融市场和信息技术的发展，资本的力量逐渐和政治的力量并驾齐驱，甚至能够在某些场合驱使政治力量。

二、资本力量和政治力量的更替

政治的力量经过将近数千年的发展，才从国王、皇帝的手中开始向民众转移，并被各种法律和规则进行限制。而资本的力量是否又要经历长期的过程，才能最终被管制呢，答案不得而知。社会的进步既要体现在社会总体财富的不断增长，也要体现为不断增长的社会财富能够在社会中实现一定程度的均衡分配。而资本力量的疯狂增长便提出了人类治理史上的第二个难题，如何在市场经济环境下管制资本的力量。

此时，便不得不提到今天中国从上而下所热烈提及的"扶贫"行动。如果有了对资本力量发展的上述理解，就不难理解当下中国"扶贫"行动背后的政治经济学考量。市场和金融的进一步发展并不天然会给低收入群体带来更大的收益，即使经济的总量增长能够在短时期内提升低收入群体的生活水平，但是贫富差距的扩大对于低收入群体的心理影响不容忽视。北上广深与内地的许多农村地区简直就是两个世界，"扶贫"已经是中国未来必不可少的行动。甚至可以说，"扶贫"是抑制资本力量的第一步，主要是着眼于解决国内地区发展不平衡的问题。至于个体之间的财富差距，可能需要更好的时机才能解决，在全球目前的政治经济发展框架下依然难以解决。

三、遏制资本的力量

主权财富基金则可以视为主权国家对资本力量的国际遏制。主权财富基金实际上是主权国家这个庞大的政治组织作为市场主体亲自参与金融市场的博弈。主权财富基金由于其资本量的庞大和国家信誉担保的双重特征，成为了国际金融市场上的一个重要玩家，在一定程度上能够对缺乏管制的资本力量进行遏制。然而，主权国家之间的政治竞争又在一定程度上降低了主权财富基金在抑制资本力量上的作用，主权财富基金彼此之间也存在着斗争和对抗。同时主权财富基金还要考虑纷繁复杂的政治、社会因素，这些因素使得主权财富基金难以被有效组织起来发挥遏制资本的有效作用。

当然，国企也是主权国家遏制金融资本力量的重要力量。中国 2015 年度国企的净资产将近 50 万亿，表明中国政府拥有雄厚的财力对资本的力量进行遏制。当然，国企由于代理人问题以及产权问题常常容易导致缺乏有效激励、效率低下、资本收益率低等问题。因而国企应当建立更加完善的激励约束体制。

总而言之，资本的力量在今天已经展现出可怕的一面，尤其是在全球化进一步深化和金融市场进一步扩展的背景下，资本的流动和变现变得更加容易。这一背景使得资本对全球政治、经济、文化的影响日趋加深。另外，互联网等虚拟技术的发展进一步放大了资本的力量，人类在"去实向虚"的道路上越走越远，也给了资本更大的力量和权力。或许，不久以后，遏制资本的力量将会成为全球治理过程中更加重要的议题。

第四节　全球大国：国家发展的三个基本要素

在美国国家情报委员会《世界趋势 2030》一书中，印度是美国国家情报委员会最为看好的国家，主要原因基于以下两点：一是印度人口的老龄化可能在 2050 年才会出现，印度的人口优势将会逐步显现，这将为印度赢得长期的经济发展空间；二是在美国人看来，印度是属于"民主过头"的国家，印度的民主制度将会为印度经济提供长期的发展保障，美国国家情报委员会认为中国并不具备上述优势。

事实上，在美国国家情报委员会的预测中涉及一个基本的问题，即国家发展的基本要素是什么，是什么样的基本要素能够为一个国家的发展提供长期的动力，并进而能够确保国家的长期国际竞争优势。结合相关国家的发展经验的分析，笔者认为国家发展的三个基本要素应当是：发展意愿、政策环境和历史机遇，正是这三个基本要素决定了国家发展的空间。当然，其他的一些因素也会对国家的发展产生影响，例如地理环境、资源的拥有量、历史文化习惯、人口的受教育程度、人口的平均年龄等等，这些要素往往是决定国家发展的次要要素，限于本书篇幅，仅对国家发展的三个基本要素进行探讨。

一、强烈的发展意愿

发展意愿，是指一国的国民对于国家发展和个人发展的欲望，强烈的发展意愿意味着国家中的大部分个体迫切希望改变生活状况、提升生活品质。挣钱养家、创业发展等期望都是发展意愿的外在表现。个体的发展意愿汇聚起来，便形成了国家的发展意愿，一个国家大部分个体的发展意愿能够在一定程度上决定国家的发展意愿。发展意愿的强弱决定了一国的国民会在多大程度上辛勤劳动、努力工作获得自身和国家的发展。强烈的发展意愿往往能够和勤劳勇敢、开拓进取等名词画上等号。

就全球范围而言，不同的国家有着不同发展意愿。一般而言，发达国家的发展意愿会弱于发展中国家的发展意愿，因为发达国家已经能够保障大部分民众拥有较高的生活水平，因而发达国家民众对于现实的满足感较强，个人的发展意愿也会偏低。对于发展中国家而言，大部分民众的生活水平较低，"看齐效应"和国家发展追赶过程中形成的氛围强化了大部分民众的发展意愿，因而许多发展中国家的民众愿意付出比发达国家民众更多的劳动来挣取相对较少的收益。成为全球大国的国家一般有着较为强烈的发展意愿，地区性的成功国家一般也会有着较为强烈的发展意愿。例如，英国在资本主义发展初期，整个社会对于财富的追求极其狂热，"羊吃人"以及"圈地运动"虽然在一定程度上凸显了资本主义的罪恶，但也反映出了当时英国社会强烈的发展意愿。正是基于这种强烈的发展意愿，并且抓住了历史机遇，英国的国力迅速发展，实力高速扩张，进而攫取了全球大国的宝座。日本和德国虽然一直没有成为全球大国，但是在近一百五十年的时间里，两国都是欧洲和东亚地区不可忽视的强国。两国的强烈的发展意愿既建立在国民强烈的改变现状愿望基础上，也建立在两国复杂的民族情绪的基础上，两国都有着较为浓烈的民族主义情绪，这种浓烈的民族主义情绪在一定程度上凝聚了民族内部的力量，形成了强烈的国家发展意愿。改革开放以来，中国的发展意愿有目共睹，私有经济的快速发展离不开中国民众的强烈的发展意愿。近年来，强烈的发展意愿更促使中国的许多民众不畏艰险，走出国门，前往拉丁美洲、非洲等动荡地区开拓市场、经商创业。今天，中国在非洲地区所获得的政治经济地位与许多中国人怀着强烈的发展意愿在非洲开拓进取密不可分。

二、良好的政策环境

政策环境是决定国家发展的第二个基本要素。然而政策环境又不是独立的，良好的政策环境能够为发展意愿提供保障，并且能够孕育和促进发展意愿的增长，进而促进国家的发展。而较差的政策环境会在一定程度上制约甚至是消除发展意愿，进而延缓国家的发展。政策环境的范围广泛，包括社会制度、政治制度、经济制度、法律制度、社会福利制度等多方面。相对而言，开放和进取的政策环境会更有利于强烈的发展意愿的形成，而封闭和保守的政策环境不利于强烈的发展意愿的形成。同样，重视商业和私有经济发展的政策环境也会有利于强烈的发展意愿的形成，进而促进国家的发展。中国古代的"重农抑商"的政策环境形成了"士农工商"的社会阶层排序，使得商人地位低下，导致大部分民众参与商业的愿望不够强烈，抑制了商业的发展，进而限制了国力的发展。改革开放之后，中国形成了"开放发展"的良好政策环境，为中国近三十年多来的经济腾飞和国力发展创造了良好的条件。政策环境是一个系统，由各领域的诸多细分政策构成，而在体系中必定存在着一个思想核心，"开放发展"可能就是改革开放以来中国政策环境的思想核心。

评价一个国家的政策环境是否合理的关键应当是其对发展意愿的影响，好的政策环境能够增强发展意愿，差的政策环境则有可能减少甚至消除发展意愿。如果一个国家的政策环境能够让这个国家的大部分民众都努力工作、奋力拼搏，并对国家的强大兴盛抱有极大的期望，那么这样的环境政策就是合理的。相反，如果一个国家的政策环境让大部分民众都不愿意工作，或者不想创业发展，那么这样的环境政策就是不合理的，社会福利制度的发展历史恰恰从正反两个方面印证了上述论证。合理并且符合国家经济发展水平的社会福利制度能够消除大部分民众的后顾之忧，促进社会公平，并进而促进社会和国家的发展。而过度的社会福利制度，会降低整个社会的工作必要性，对国家的财政造成巨大的负担，不仅会减少许多民众的发展意愿，也会使得整个社会发展缓慢，政府债台高筑，进而损害到国家的发展和国力的长足进步。欧洲整体的经济活力的下降与欧洲所推行的过度的社会福利制度大有关联。更大的问题是，社会福利制度的"刚性"使得增加社会福利能够得到大部分民众的认可，而降低社会福利则可能招致大部分民众的反对，社会福利"易升难降"。

许多石油输出国由于在油价高涨、国家收入高的时期盲目推行较高的社会福利，在油价大幅下跌的困境时就束手无策，有些石油输出国甚至面临国家经济崩溃的危险，例如委内瑞拉。另外，对一个国家的政策环境的评估，不仅要对政策环境的现状进行评估，也需要对政策环境的发展趋势进行评估，在经济预期愈加重要的今天，政策环境的发展趋势也能够对现在的经济发展和民众的发展意愿产生很大的影响。

三、千载难逢的历史机遇

历史机遇是决定国家发展的第三个基本要素。孙中山先生曾说"世界大势浩浩荡荡，顺之者昌，逆之者亡"，历史大势虽然不能完全决定一个国家的发展和兴盛，但对于一个国家的长期发展依然非常重要，尤其是在一个国家经济发展由落后转为先进、国力由弱变强的关键时期，历史机遇的影响更不容忽视。中国近三十多年来的经济腾飞，包括亚洲"四小龙"等的飞速发展都和近几十年来世界局势大体平稳、全球一体化深入推进以及全球贸易大力发展有着紧密的联系。对于中国而言，对外贸易为中国积累了大量的财富、培养了劳动力、发展了先进的生产技术，进而为中国经济的持续发展打下了基础。如果没有最近几十年来的发展机遇，中国的经济不可能在近三十多年的时间里以如此高的速度长期增长。当然，历史机遇是一回事，能够把握历史机遇又是另一回事。改革开放以来，中国政府以"发展才是硬道理"大力推进国内的经济发展，以"韬光养晦"的政策应对复杂多变的国际外交形势，终于乘势而上，将中国的国力推进到了历史的新高度。

在对国家发展的三个基本要素进行了相关论述后，可以从这三个维度对中印的发展进行讨论。事实上，从发展意愿、政策环境以及历史机遇这三个角度来看，印度大部分民众受教育水平较低、思维和眼界都较为闭塞，因而印度整体的发展意愿不如中国。其次，印度的"过度"民主、种姓制度以及国家过于分散的政治结构和权力结构使得印度政府在推进经济发展、基础设施建设和营造良好的政策环境方面的能力大大低于中国政府，印度经济发展的国内环境也不如中国。最后，在历史机遇方面，随着国际政治形势的日趋复杂、世界经济发展的日趋缓慢以及国际贸易环境的恶化，历史为印度的快速发展所预留的空间并不大，印度似乎难再遇中国近几十年的发展良机。从这三个方面进行论述后，中印未来的发展对比就非常明显了。当然，印度的发展不如中国，并不代表印度在未来不是一个可怕的对手，毕竟印度巨大的人力资源依然可能会在 21 世纪中期使得印度成为中国最大的对手。

中国无疑是幸运的，能够在最需要发展的时期同时具备国家发展的三个基本要素。"历史是合力的结果"，中国未来需要做的，依然是紧紧扣住发展意愿、政策环境、历史机遇这三个发展的主轴，继续通过各种措施增强民众的发展意愿，制定出各类符合发展趋势的绿色、创新、共享等政策措施，认清国际政治和各类权力主体发展的基本趋势，为中国的长足发展创造出最好的条件。

第五节　赢在根本：国家性格的决定意义

"性格决定命运"，对于一个人而言如此，对于一个国家而言也是如此。回首人类近万年来的发展史，有无数的国家产生、兴盛，也有无数的国家衰微、消亡，有的国家曾经不为人知，最后却能影响世界。有的国家曾经叱咤风云，如今却已经默默无闻。历史仿佛就是一块"试金石"，将那些未能准确把握人类社会发展趋势的国家，未能在人类社会中长期生存的国家置放在历史的角落，而将那些具备良好国家性格的国家摆放在历史的中心，驱动着人类历史的不断前行。

一、关于国家性格

国家性格是一个国家的普遍特性，是一个国家作为一个整体所共有的特性，国家性格就像个体的性格一样鲜明，一样意义重大。国家性格和国家的发展会互为影响，国家性格在很大程度上决定了一个国家在面临各种情况时的取舍，也决定了国家的发展道路。同时，国家本身的发展状况也会对国家的性格产生影响，当一个国家处于发展顺境时，国家性格就表现出积极、乐观自信等，当一个国家处于发展逆境时，国家性格就表现出消极、悲观、自卑等性格。不同的国家性格使得不同的国家在面对逆境和顺境时也会有较大的区别。具备积极的国家性格的国家在面对困境时会更加坚强，轻易不会认输，并且会保持更加有效的组织性和展现出更加浓烈的国家荣誉感。而具备消极的国家性格的国家在面对困境时可能会更加软弱，内部分崩离析，在众多问题上产生分歧，缺乏组织性和国家荣誉感，这样的国家很有可能在困境中解体或者消亡。

国家性格和个人性格不同点在于国家性格是一种共性的集合，根植于一个国家的发展道路和历史文化，或许国家性格里所具备的共性只有几项，但是国家性格里所保留的历史文化的多样性因素却是无法统计的。国家性格更多的是后天所形成的，并且有着非常浓厚的历史感，而个人性格显然不具备这些特征，所以国家性格更加稳定。另外，由于国家的存在历史远远大于个人的生命，因而国家性格也会有一个变化的周期。随着国际形势和国家力量的此消彼长，国家性格会在一个较长的周期里发生变化。在国际形势和国家力量变化相对静止的环境里，国家性格的变化较小，如果国际形势和国家力量的变化较快，那么国家性格的变化也会加快。同时，战争以及较大的自然灾害也会对国家性格的变化产生较大的影响。国家性格的变化是难以预期的，有的国家可能会变得越加保守和激进，也有的国家可能会变得更加开放和理性。并且，不同的国家对于正面事件和负面事件看法的不同也会使得正面事件和负面事件产生的影响表现出不一样的效果。相对而言，正面事件更有利于优秀的国家性格的养成。

二、优秀的国家性格

所谓优秀的国家性格，是指一个国家性格里面所具备的积极的因素，这些因素有利于国家的长久生存、发展和壮大。经过对数个崛起国家的比较发现，进取、理性、开放、革新往往是比较突出的优秀的国家性格。当然，大部分国家可能只具备其中的一到两项，同时具备以上四项国家性格的国家非常少。进取是最重要的国家性格，一个不思进取的国家正如一个不思进取的人，将会一事无成。而国际政治显然要比普通的人际关系残酷上百倍，不思进取的人尚可无忧无虑度过一生，但是不思进取的国家将会很快被其他国家通过各种方式所吞并或者消灭。理性是指一个国家应该能够客观地看待国内和国外的问题，在尊重政治规律、经济规律的基础上客观办事，而不是仅仅依靠民族情感和主观臆想来处理国家大事。开放是指一个国家能够包容其他的民族和新生事物，能够和其他的民族和平共处。革新是指一个国家能够在历史的长河中，始终做到自我省视，顺应世界的发展大势，不停地进行自我变革。

相反，如果一个国家离以上四类优秀的国家性格越来越远，那么这样的国家将最终走向没落。没有进取心的国家很容易被其他国家所轻视乃至吞并、消灭。没有理性精神的国家，将会经常被一些突发事件所折磨，国民情绪起伏不定，国家缺乏稳定的社会情绪，极易陷入极端状态，习惯于过分的肯定或者否定的状态，并且容易在长期的发展过程中走向自卑或者自满。缺乏开放心态的国家终将走向封闭、愚昧和落后。正所谓"变则久、久则通"，国际形势的发展波谲云诡，科学技术的发展更是日新月异，守旧的国家不可能适应新的变化，只会在自己的一亩三分地上等待被动挨打。缺乏革新的国家的结果则没有那么严重，不会使得整个国家陷入一种危险的境地，然而却会使得国家在长期的发展中逐步衰落，难以始终维持领先的地位。美国对于革新一直十分重视，尤其是在军事技术方面，美国军方一直都试图和其主要竞争对手保持 20 年的发展差距。

三、国家性格决定国家的可持续发展

长期而言，国家性格是一个国家最有效的竞争力。同时，国家性格又不是孤立存在的，需要和世界发展格局、国家政治体制、国家发展阶段等互为依托。国家性格最终体现为国家的竞争力，成为国家崛起的重要因素，需要一个漫长的转化过程，这个过程中必须有足够完备的其他因素，才能够最终使得一个国家成功崛起。拥有优秀国家性格的国家往往能够在一定时期里崛起，但是由于受制于国际政治形势、国家实力等因素的影响，并不是所有具备优秀性格的国家都能够最终崛起。除了优秀的国家性格以外，有利的世界政治格局、良好的国家政治体制和发展迅速的国家经济都是国家崛起所必不可少的。

优秀的国家性格不仅是长期发展过程中自觉形成的，也可以在引导中逐渐形成。通过研究相对优秀的国家性格的形成过程，可以发掘出形成优秀的国家性格的方法。美国、德国和日本都是可以借鉴的对象。美国 19 世纪末和 20 世纪前期的国家性格在一定程度上具备了进取、理性、开放、革新的相关特征，不过近几十年来，美国在这四方面的优秀性格因素都开始减少。建国之初，美国只是英国的殖民地，来到美国的大部分人都不是英国的上层人士，然而仅仅一百余年的时间，美国的国家性格就完成了历史的转变，令人惊叹。德国和日本也是如此，德国在普鲁士统一之前是小国割据的时代，封闭、混乱、落后就是普鲁士统一之前的代名词。日本在明治维新之前也是封闭、愚昧、落后的。然而不到一百年，这两个国家就发生了翻天覆地的变化，它的国家性格也开始出现一些优秀的因素。这些充分说明优秀的国家性格是可以在一个相对较长的周期里形成的，有些可能不到一百年就形成了。从上述事实我们可以发现，积极应对国际环境的改变，完成国家的统一以及建立有效的市

场经济体系都可以为优秀的国家性格的形成提供必要的土壤。当然，德国和日本虽然经过改革形成了一定的优秀国家性格，但是德国和日本的国家性格中的消极因素依然很多，后来也对德国和日本的发展造成了许多的不利影响，甚至贻害了周边国家。

优秀的国家性格最终体现为两个方面，即组织性和崇文尚武的国民性格。到目前为止，全球历史上出现过的国家枚不胜数，目前还存在的国家则不到两百余个，而中国显然是这些国家中的佼佼者。中国和其他优秀的国家一样，也是在长期的历史发展过程中不断融合、扩展而形成的。中国有着自己的历史文化和特性，中国也有着自己独具特色的国家性格。尤其是清末近100年来中国的剧变，对中国现今的国家性格产生了深远影响。清末以来的开眼看世界，让中国开始从愚昧、落后的封建"天下"观念中解放出来，逐渐以一种开放和客观的态度看待世界。共产主义和社会主义思想的传播以及遍布全国的党组织的建立则提升了中华民族的组织性。改革开放以后，尤其是十八大以来，进取、理性、革新等观念深入了大部分中国人的内心，这些优秀的国家性格开始内化为中国的国家性格。当然，今天中国的优秀国家性格并未完全形成，而是到了一个非常关键的时期，经历了这个时期，中国的优秀国家性格便能基本形成。因而，在这个时期，继续引导中国的国家性格的发展仍然有较大的必要性，一定要继续提升国民的组织性和崇文尚武的精神。同时，积极弘扬进取、理性、开放、革新的理念，消除负面和不良的精神污染，确保中国优秀的国家性格的形成。

兵者，国之大事也，民族性格，则是国之根本。优秀的国家性格，能让国家在经历任何风雨之后都屹立不倒，能让国家在历史的长河中熠熠生辉，能让国家在世界之林中披荆斩棘。在中国的崛起过程中，不单单是中国国力、军事实力以及国际地位的提升，更重要的是要引导中国的优秀国家性格的形成，优秀的国家性格才是"为万世开太平"的最有力保障！

第六节　理性精神：如何驶得万年船

在漫长的历史长河中，有无数的组织曾经先后崛起，这些组织包括企业、部落、民族、国家、地区、跨国组织等等，这些组织或者联系紧密，内部形成了稳定的结构，或者联系松散，基于一定的目标或宗旨而结合在一起。这些组织的崛起曾经炫耀一时，却又都在历史的长河中一一消逝，所以，崛起从来都不是一件少见多怪的事情，只有影响巨大并且持久的崛起才是这个世界令人惊叹的奇迹。本书要探讨的便是一个大国如何保持持久的崛起，答案是：理性精神。

一、防范"功败垂成"

一般而言，国家的崛起首先会带来整个社会的浓烈的乐观情绪，这种乐观情绪会逐渐传染、发酵，进而影响到社会的大部分人。许多崛起的国家都不能够在这一过程中守护可贵的理性精神，轻举妄动，最终陨落在崛起的过程中，没有成长为全球大国。

（一）第一阶段

在第一阶段，崛起的国家还没有完全脱离理性的轨道，虽然它已经偏离。国家崛起的过程中，往往意味着邻国或者原本敌对国家与我国的实力差距会逐渐增大，实力的差距会在政治、经济、军事、文化等方面逐步凸显，这种实力差距进一步助长了社会的乐观情绪，开始推动乐观情绪过分发展，向非理性方向逐步推进。另外，国家崛起过程中往往会伴随着进取心的扩展、国力的壮大而发生一连串较为重大的政治、经济、军事事件，由于国家处于崛起的过程中，因而这些事件的解决通常会更有利于崛起的国家，或者这些事件的解决结果超过国民原本的期望值。当然，如果崛起的国家在这些事件中没有占到便宜，那么只能说明这个国家尚未进入真正崛起的阶段。事件的顺利解决和超出期望值的解决效果又会进一步推动非理性情绪的发展。此时，国民或者一些政策的制定者可能会更高地估计国家崛起过程中的力量，对外扩张的意愿越来越强烈，会设定更高的国家目标，并且忽略现有的国际政治格局和实力对比现状，过早地、过多地参与到国际政治的激烈博弈中，攫取原本并不属于本国的诸多利益。例如，使用战争或者侵略手段对他国进行压制、奴役或者侵略，进而引发其他诸多国家，尤其是大国的愤怒和不满，引发激烈的对抗和博弈。日本在二战中就过高地估计了本国经济生产能力和军事实力，做出了可以和美国开战的错误决定。

（二）第二阶段

第二阶段，非理性情绪让崛起的国家在第一阶段的最后时期蠢蠢欲动，它们不愿接受既定的权力分配格局。同时，对本身实力的过度自信，使得它们对协商谈判这一通常的外交手段不抱希望，于是，诉诸武力成了早晚的事。崛起的国家凭借先发制人的主观意愿、强烈的求胜心以及所积累的并不充足的国力，迅速行动起来，它们会在前期过程中"势如破竹"，打击或者消灭了诸多的邻国或者对手，战果的扩大使得它们渐入癫狂，并开始不顾形势和实力扩大战线。非理性情绪的第二轮扩大让崛起的国家进入毁灭的边缘，它们遇到了前所未有和超乎预见的抵抗和反击，它们开始在这轮博弈中处于下方。然而，既定的政策方针、利益集团的利益取向和国民心态难以在短时间之内迅速调整，崛起的国家只能在这场逐渐处于弱势的博弈中拼死一搏，结局却往往并不尽如人意。最终，失去了理性的崛起国家遭遇重大挫折，国民遭受巨大损失，在没有成长为全球大国时便已陨落。

二、守护理性精神

相反，具备理性精神的崛起国家没有遭受这一厄运。它们在崛起过程中紧紧地守护着自己力量的边界，很少触碰力量边界以外的纷争。它们会在崛起过程中尽量扩大自己的影响范围，争取与自身国力相称的国际地位和国际利益。同时，它们又会像机警的兔子一样，不卷入毫无利益的纷争或者得不偿失的战争中去。"君子知乎止"，理性的崛起国家进退有据，它们有着非理性的崛起国家所没有的冷静和耐心，它们愿意在漫长的历史长河中不断地发展自己的实力，它们不求"毕全功于一役"，它们只求能够在确保自己应得利益的基础上，维护更有利于自己的利益秩序，它们并不会激烈地冲击现有的国际秩序，它们并不会和现有的全球大国直接发生冲突，它们只会在理性的基础上，更多地通过谈判协商、威慑来争取自己的利益，这样，它们的敌人就更少，它们崛起过程中的阻力也就更少。当然，如果问题始终无法得到解决，那么武力和战争也会成为它们的必备手段，但武力和战争始终只是手段，而不会成为最终的目标。它们会将战争局限在有限的范围，或者尽量让本土远离战争，对于它们而言，敌人和平的屈服比战争的奴役更有吸引力，这种观念深得国际政治力量变迁的真谛，如无意外，它们终将成为全球大国。

三、以邻为鉴

我们的邻国日本在二战中的表现，便是极为缺乏理性精神的典型代表。原本偏僻落后的日本通过明治维新使得国力和军事力量迅速增强，经过近半个世纪的发展，日本逐渐成为东亚首屈一指的大国。甲午中日战争和日俄战争更是使得日本在国际上获得了较高的国际地位，一定程度上实现了日本崛起的目标。然而，也是在这一崛起的过程中，日本缺乏理性精神的弱点开始暴露，它们在崛起过程中的民族主义和武士道精神逐渐膨胀、扭曲，对外侵略的野心越来越大，正是这些非理性精神的不断积累使得日本的崛起渐渐成为周边东亚邻国的噩梦。二战爆发之后，日本除了在东亚侵略中国、越南、菲律宾、新加坡等亚洲国家之外，还与苏联、英国、美国、法国、荷兰等国发生了冲突和战争，日本还不惜奔袭万里轰炸美国珍珠港，掀开了太平洋战争的序幕。客观而言，日本二战时的战略决策完全是一个崛起国家非理性精神的疯狂演绎，日本以一国之力挑战半个亚洲和全球大国美国，它们显然忘记了当时世界政治格局和各国力量对比的状况，它们高估了民族精神和军事力量的重要性。事实上，没有充足国力和经济实力的支撑，持久作战几乎没有胜利的可能。闪电战对于远隔万里的美国和地域辽阔的中国并不能发挥一击致命的效果。

80 年前，作为一个崛起的东亚大国，日本可以有许多的选择。以当时东亚的情况而言，许多东亚国家积贫积弱，日本崛起过程中对邻国的适度扩张并不会为日本引来强大的对手。遥遥领先的国力和军事力量，积贫积弱的邻国，无法东顾的欧美列强，就国际形势而言，20 世纪 30 年代后期确实是日本的扩张良机。崛起的日本很快就忘记了国际政治格局和自身的国力状况，妄图通过侥幸的军事进攻为日本争取与国力不相称的控制范围和国际地位。日本在东亚和太平洋四处进攻，展开了上万千米的战线，开始的时候日本势如破竹，然而，进入战略相持阶段之后，中国和美国的反击使得日本陷入了多头作战的境地，这已非日本的国力和军事实力可以承担的。日本的非理性不仅使得日本错失了发展良机，还沦为二战的最终战败国，到今天，日本也尚未完全成为一个正常的国家。

四、保持理性的难度

理性并非一件容易的事情，而持久的理性更需要对形势的客观认识和对世界大势的准确判断。对于一个人而言，做到理性已是殊为不易，对于一个民族而言，长期保持理性精神更是难上加难。并且，有些国家和组织可能会别有用心地挑起争端，故意刺激爱国心切的部分国人做出一些非理性的爱国行为。非理性的爱国行为不仅会造成不必要的国际矛盾，还会对国内的正常发展产生影响，并有可能激发过度的民族主义。毛主席说"革命的首要任务是要分清楚谁是我们的敌人，谁是我们的朋友"，对于今天的中国，只有侵犯到中国的核心利益，阻止中国正常崛起的国家才是中国的敌人。当然，今时不同往日，现在的国际关系中已经没有了完全的朋友和敌人，这就要求我们更加理性、巧妙地处理国际关系。

"心急吃不了热豆腐"，对于今天正处于崛起过程中的中国而言，理性精神显得更加可贵。不在强权下低头，也不在功绩面前自满，中国在许多国际国内问题上的处理蕴含了典型的中国式的理性精神。"雄关漫道真如铁"，中国的崛起还有千万步要走，中国的经济实力和军事实力或许在未来会成长到一个令人惊叹的新高度，那个时候，我们依然要以二战时的日本为戒，不骄傲、不自满、不偏激，以饱满的理性精神走好中国崛起的这条险路。

结　语
中国崛起的结局猜想

中国崛起的结局可能有以下四类：第一种可能是，中国在和美国的百年竞争中，因为各种各样的原因而失败，美国依然是全球大国。第二种可能是，中国最终打败了美国，成为了比美国更加强大的全球大国。第三种可能是，中国和美国在百年竞争中平分秋色，世界又再次进入了两极争霸的状态。当然，这种两极世界必定是不可持久的，最后还是会有一个国家处于相对领先的地位。第四种可能是，中美在百年竞争中元气大伤，某些大国渔翁得利，并进而获得了和中美平起平坐的地位，世界进入了多极化的阶段。甚至于某些国家最终超越中美成为了全球大国，而中美都沦落为地区性大国。

一、第一种可能

关于第一种可能，我们更需要做的是发掘中国在和美国的竞争中失利的原因。中国现今的经济发展潜力和人口资源是美国所不具备的，这也是从长远看中国会超过美国的关键所在。从这个角度而言，中国如果在和美国的竞争中失利，一定是这些优势没有持续的发挥作用，或者受到了其他负面因素的影响，导致中国在这场竞争中失败。结合中国的发展状况和历史经验来看，中国目前所面临的风险，主要是经济下行的风险和地区分裂的风险。而美国所面临的风险主要是：政治体制的风险、种族矛盾的风险、经济危机的风险、外交政策的风险。中国所面临的经济下行的风险，主要是指中国在经济转型和经济增长"换挡"时期，经济可能出现大幅度的下行引发一系列社会问题的风险。中国目前的房地产市场、资本市场都不甚景气，国家债务以及企业债务处于持续上升，经济下行压力较大。不过，中国政府目前所采取的"稳增长、调结构"等一系列政策，似乎已经发挥了较大的作用，中国经济发展速度保持 6.5% 增长幅度的政策空间依然较大。同时，中国快速增长的中产阶级、新生代的消费方式，将会在可预期的未来使得中国成为全球最大的消费市场，这个庞大的市场无疑是中国经济持续健康增长的关键保障。另外，中国外贸出口的增长率虽然不断下滑，但外贸出口总量依然处于持续增长状态。随着中国外贸出口产品结构的不断优化、产品质量的不断提升，中国在全球外贸市场中将会占据更为有利的地位。地区分裂风险的提出主要是基于历史的经验，中国历史上经历过几次大分裂的时期，例如五代时期、南北朝时期，以及近代的军阀割据时期。实际上，当前中国地区分裂的风险是非常小的。新中国成立后，中国逐步建立和完善了五级政府和六级党组织的治理结构，辅之以居委会和村委会为基础的基层自治组织，中国历史上最为稳固的中央集权体制基本形成。当然，除了治理结构上的因素以外，不会发生地区分裂的最关键原因是，中国绝大部分民众对于民族国家的认可空前一致，在这种情况下，再出现地区分裂是难以想象的。虽然，中国出现经济下行和地区分裂风险的可能性非常小，但中国应该完全根除这些风险的发生，因为这些风险一旦发生，中国的国力会受到极大的损害，中国在和美国竞争中就将处于非常不利的境地。

所以，在中美的百年竞争中，中国因为经济下行和地区分裂导致失败的可能性并不大。中国无法在百年竞争中击败美国最大的可能是由于中国在增量方面无法超越美国。例如，中国在经济发展水平、科技实力方面始终落后于美国一大截，以至于这种落后抵消了中国经济持续快速增长和巨大的人力资源所带来的总量优势。不过，以中国的发展趋势而言，出现这种结局的可能性不大。

二、第二种可能

关于第二种可能，即中国在百年竞争中最终打败美国，笔者认为，出现这种局面，需要同时达到至少三个条件。一是中国经济和科学技术的发展保持持续增长的趋势，国内没有出现较大的风险事件。二是美国的经济实力和科学技术水平最终被中国所超越，或者美国国内出现了较大的危机，从而使得美国国力受到重大损害。三是中国能够在美国的重重包围中，逐步打破美国的政治、经济、军事、外交的各种钳制，最后赢得全球大国地位。第三个条件虽然是外因，但不容忽视。因为中国的发展仍然需要得到全球的认可，孤家寡人是不可能成为全球大国的。中国在百年竞争中最终击败美国的可能性相对较大，目前中国在经济实力、科学技术等方面和美国的差距越来越小，从长远看，随着中国改革开放的时间不断延长，中国模仿和学习美国的水平就越高，中国与美国在诸多方面的差距也会越小。另外，中国目前稳定的政治局面、良好的基础设施以及越来越科学的社会治理机制为中国在经济、科技等方面和美国缩小差距打下了良好基础。即使在百年竞争中，中国在经济、科技等方面与美国始终保持着一定的差距，但中国的人力资源总量是美国的四倍多，这将使得中国的综合国力超越美国，甚至达到美国的两倍多，也会使美国在百年竞争中处于长期的不利境地。因而，百年竞争中，中国最终成为全球大国的可能性并不小。目前而言，真正考验中国智慧的是第三个条件，即如何应对美国及某些亚洲大国的敌意，并在这种敌意中实现中国的真正崛起。

三、第三种可能

关于第三种结局，即中美处于长期的竞争中，笔者认为，出现这种结局的可能性也比较大。毕竟，当前美国的实力如日中天，中国和美国还存在着较大的差距。中美两国自身虽然都存在一定的问题，但美国的现代化更加彻底，美国在后续发展中可能遭遇较大风险事件的可能性相对较小。即使有一天，中国的国力超越了美国，但中国在提升政府执政能力、社会治理能力、公民道德文化素质方面还有很长的路要走，"十年树木，百年树人"，这些方面的提升需要相当长的时间，甚至达数百年之久。基于这些考虑，中美在国际政治的博弈中长期平分秋色的可能性就会显著增大。美国目前所面临的政治体制风险、种族矛盾风险、经济危机风险、外交政策风险等所带来的总体风险，依然小于中国在社会转型时期所面临的总体风险。至少，中国必须跨越"中等收入陷阱"，才能有资格和美国进行百年竞争。

四、第四种可能

关于第四种结局出现的可能性，笔者认为并不大。中美虽然会进入百年竞争的状态，但是这种竞争非常有可能是和缓的、间接的、有节制的、有技巧的竞争。中美在百年中将会既有竞争又有合作，在两国的利益能够达成一致的情况下，中美两国将极有可能合作，在两国利益不能够达成一致的情况下，中美两国会尽量将出现重大摩擦的可能性降到最低。第四种结局出现的另外一种可能性是，某个大国的国力在中美竞争的过程中超越了中美两国。出现这种局面的可能性也不大，毕竟一个国家的发展不同于一个人的发展，国家发展的过程中偶然性的因素较少，必然性的因素较多，一个国家的发展至少要几十年才能初见成效。就目前潜在的挑战国而言，印度、欧盟、日本、俄罗斯、巴西等都不具备这样的实力。所以，综上所述，第四种结局出现的可能性较小。未来的世界中，中美仍将是绝对的主角。

五、"功成不必在我"

未来是未知的，对于中国崛起结局的猜想，只是笔者结合中美两国现在的优势、发展中存在的问题，并结合国际环境做出的一个预测。上文所提及的是笔者认为可能性比较大的几种结局，其实中美竞争还有其他许多的结局，这里就不一一赘述。不管这场百年竞争的结局最终如何，这场竞争都需要几代人的参与，习总书记说"功成不必再我"，大概就是这个意思。我们这一代人更需要做的，是打好基础，解决好中国的问题，做好中国自己的事，让中国的政治局面更稳定、经济发展更健康、社会问题得到有效解决，同时，积极的应对美国及其他大国的战略攻势或者制造的各类麻烦，以更加开放、更加积极的态度逐步适应中国在世界上的新角色，为中国最终成为全球大国奠定基础。

最后，依然需要强调的是，中国并不是为了成为全球大国而和美国进行这场可能长达百年的世纪竞争。中国和美国进行这场竞争的根本原因是为了"人民更幸福的生活"，因为，目前唯有美国是能够对中国国家核心利益造成最大影响的国家，而美国也极有可能会去施加这种影响，所以，中国和美国的竞争只是为了中国的生存，只是为了让"人民更幸福的生活"这一目标有着坚实的基础。中国除了积极应对美国的各种钳制以外，并没有更好的选择，中国不可能进行逃避，逃避只会让中国的处境更加糟糕。美国也会尽最大努力遏制中国，美国不可能坐视全球大国地位的旁落，它会想尽一切办法，采取一切措施钳制中国。小国有小国的忧伤，大国也有大国的悲哀，大国的悲哀就是必须竞争全球大国，这样才能将全体民众置于最安全的环境。除此之外，别无选择。至于这种竞争是和缓还是激烈，是文明还是暴力，是短暂还是长期，中国都必须做好准备。当然，对于中国而言，依然期望这场竞争是和缓、文明、短暂的竞争。

参考文献

强世功：《中国香港》，生活·读书·新知三联书店 2014 年版，第 111—156 页。

强世功：《惩罚与法治：当代法治的兴起》，法律出版社 2009 年版，第 21—56 页。

张维为：《中国震撼——一个"文明型国家"的崛起》，上海人民出版社 2011 年版，第 13—44 页。

韩毓海：《500 年来谁著史》，九州出版社 2011 年版，第 23—57 页。

范虎巍，李进编译：《美国海军作战构想》，航空工业出版社 2012 年版，第 64—96 页。

张瑞德：《山河动——抗战时期国民政府的军队战力》，社会科学文献出版社 2015 年版，第 73—98 页。

饶胜文：《布局天下——中国古代军事地理大势》，中国人民解放军出版社 2006 版，第 13—43 页。

钮先钟：《战略研究入门》，文汇出版社 2016 年版，第 93—115 页。

马骏，殷秦，李海英，朱阁：《中国的互联网治理》，中国发展出版社 2011 年版，第 16—37 页。

金江军，郭英楼：《互联网时代的国家治理》，中共党史出版社 2016 年版，第 52—69 页。

倪玉平：《清朝嘉道财政与社会》，商务印书馆 2013 年版，第 21—65 页。

刘刚，李冬君：《通往立宪之路》，浙江大学出版社 2011 年版，第 393—445 页。

李光斗：《总统战——奥巴马的政治营销》，新世界出版社 2012 年版，第

131—163 页。

王安：《股爷天下：中国证券市场三十年记》，中信出版社 2011 年版，第 113—152 页。

[英] 霍布斯：《利维坦》，商务印书馆 1985 年版，第 10—85 页。

[美] 马汉：《海权论》，中国言实出版社 2015 年版，第 11—55 页。

[英] 蒂尔：《21 世纪海权指南》，海南出版社 2012 年版，第 11—67 页。

[美] 贝尔：《美国海权百年：1890—1990 年的美国海军》，人民出版社版社 2014 年版，第 13—55 页。

[美] 亨德里克斯：《西奥多罗斯福的海军外交》，海军出版社 2015 年版，第 13—45 页。

[美] 布热津斯基：《大棋局——美国的首要地位及其地缘战略》，上海人民出版社 2007 年版，第 18—45 页。

[美] 柯林斯：《大战略》，中国人民解放军军事科学院 1978 年版，第 13—47 页。

[德] 克劳塞维茨：《战争论》，中国人民解放军军事科学院 2005 年版，第 14—46 页。

[美] 米尔斯海默：《大国政治的悲剧》，上海人民出版社 2014 年版，第 13—35 页。

[美] 基辛格：《大外交》，海南出版社 2012 年版，第 17—35 页。

[美] 美国国家情报委员会：《全球趋势 2030——变换的世界》，时事出版社 2016 年版，第 19—65 页。

[美] 欧阳泰：《1661，决战热兰遮——中国对西方的第一次胜利》，九州出版社 2014 年版，第 110—155 页。

[美] 赫德森：《金融帝国：美国金融霸权的来源与基础，中央编译出版社 2008 年版，第 30—77 页。

[美] 沃尔特，豪伊：《红色资本：揭示中国非凡崛起与金融改革的真相》，东方出版中心 2013 年版，第 23—66 页。

[美] 索尔金：《大而不倒》，中国人民大学出版社 2010 年版，第 19—44 页。

[美] 加勒特：《美国金融泡沫史》，海峡书局 2014 年版，第 13—39 页。

[美] 伯南克：《大萧条》，东北财经大学出版社 2014 年版，第 16—43 页。

[美]斯泰尔:《布雷顿森林货币战——美元如何统治世界》,机械工业出版社2014年版,第16—74页。

[美]艾哈迈德:《金融之王——毁了世界的银行家》,中国人民大学出版社2011年版,第26—73页。

[法]皮凯蒂:《21世纪资本论》,中信出版社2014年版,第27—78页。

[美]穆勒:《网络与国家——互联网治理的全球政治学》,上海交通大学出版社2015年版,第18—51页。

[美]迪昂:《为什么美国人恨政治》,上海人民出版社2011年版,第19—73页。

[美]方纳:《美国自由的故事》,商务印书馆2013年版,第14—76页。

[美]施特劳斯:《自然权利与历史》,生活·读书·新知三联书店2006年版,第18—56页。

[美]约瑟夫:《软实力》,中信出版社2013年版,第27—39页。

[美]卢克斯:《权力——一种激进的观点》,江苏人民出版社2008年版,第19—78页。

[法]托克维尔:《旧制度与大革命》,天津人民出版社2014年版,第16—55页。

[英]舍恩伯格,库克耶:《大数据时代——生活、工作与思维的大变革》,浙江人民出版社2013年版,第17—35页。

[美]桑斯坦:《权利革命之后——重塑规制国》,中国人民大学出版社2006年版,第117—132页。

[美]斯蒂格利茨:《发展与发展政策》,中国金融出版社2009年版,第114—153页。

附　录
权力与利益：一种可能的社会范式 [①]

　　国家和社会是现代世界非常重要的两类存在，关于二者的关系有许多的争论，本文在此不予赘述，本文的主要目的在于探讨一种解释社会运行机制的方法，即权力与利益的分析方法。在社会价值"空心化"日益凸显的今天，我们对于中国以及其他国家的社会运行机制以及社会运行结果的解释，不可能再简单的依赖于应然的价值判断。这种简单的应然价值判断能在多大程度上揭示问题的本质，是值得怀疑的，对社会的解释应当进行可能的多种尝试。基于此，从权力与利益的角度来探寻一种可能存在的社会运作背后的机制，无疑有助于更好地解释我们今天所生活的这个社会。

一　导语：权力—利益的分析方法

　　权力和利益是随着我们对这个社会的认识不断加深，而归纳出的两个概念。权力与利益的起源暂且不去深究，他们所可能具有的各种学术意义上的争论我们也不过多参与，我们仅仅从社会政治的角度来解读这两个词语。权力的英语单词是power，简单地说就是要求他人去做某事的能力；利益的英语单词是interest，简单地说就是一种好处。权力一直是很多哲学家论述中的核心概念，例如霍布斯、尼采、

---

① 本文尚未公开发表。

福柯。对利益的论述的典型代表则是经济学中理性人的"利益最大化"。我们仅从社会政治的角度来理解这两个词语，避免了行文之初就陷入定义的争论和混淆。

在界定了权力和利益的概念之后，接下来就要以权力和利益为基点，并以权力—利益的分析方法为基本方法来解构我们社会的运行，并解释一些社会结果出现的原因。为了理解权力—与利益的分析方法，我们需要回到现实社会之中。当然，全球各类社会存在着较大的差异，本文所指的全球各类社会主要是指一些主流的社会，并且是已经完成了现代化或者正在完成现代化的社会，对于一些较为原始的社会和较为极端的社会，限于篇幅，本文将不会涉及。但本文依然深信，权力与利益的分析方法依然适用于任何一个正常的社会。

首先，从中国的社会开始。以中国前几年的收费公路改革为例。收费公路的改革所涉及的权力与利益较为复杂，虽然前几年社会上的舆论呼声很高，国务院五部委也出台了一系列的政策。但是在经过了一段时间之后，似乎收费公路的改革问题又进入了一个停滞阶段。众所周知，在收费公路的改革中，涉及的主体是多元的，并且收费公路本身的利益构成也是复杂的。收费公路问题不仅仅是收费公路本身的问题，还涉及地方经济发展、物流业发展等问题，因而实际上远远比我们想象的要复杂。不是简单的取消公路收费就能解决的。在此次收费公路的改革中，我们可以归纳出几个主要的权力主体：地方政府（主要是省政府）、路桥集团、一部分民众（主要是有车一族）、媒体、物流业等。在这几个权力主体中，前两者的权力是行政权力和类行政的权力，有着明确的法律规定和授权。这样的权力我们可以将之定义为硬性的权力，这样的权力都是高度组织化的、长期存在的、并且具有一定的强制执行力。而后三者的权力则是一种民间的力量，他们和行政权力是相对的，没有法律的规定和赋予，更没有行政强制力。他们的权力如果要发挥作用，必须通过影响政府的决策才能实现。这样的权力我们可以将之定义为软性的权力。这样的权力是高度分化的、难以持续的，并且他们对收费公路改革的推进的权力是间接的而不是直接的。

物流业本应该在此次推动收费公路改革中扮演者十分重要的角色。因为，收费公路的不合理存在直接损害的最大利益群体的就是他们，根据相关的调查显示，路桥费占了物流业成本的70%。然而此次事件中，物流行业的自发组织中国物流行业协会能够发挥的作用是十分有限的。而另一个物流行业组织，中国物流与采购联合会则具有浓烈的政府背景。

在这场关于收费公路改革的博弈中，真正的利益交锋其实是在地方政府、路桥集团与一部分民众（主要是有车一族）和物流业中进行的。这里有必要提及一下目前中国路桥建设的现状。以湖北省为例，湖北省交通运输厅在 2010 年所收到的财政拨款不到 100 亿，但是在他所开工建设的路桥项目中，资金需求量却超过了 600 亿。也就是说，地方政府在路桥建设中的资金主要是由自己筹措的。这就导致了一个很严重的政策后果，如果没有收费公路的存在，省政府在推进地方交通建设的过程中将是寸步难行。而没有交通建设的推进，省政府要想在经济发展中获得一个较好的成绩也是难以想象的。在前几年以 GDP 作为重要指标衡量省级官员政绩的中国，省政府不可能有动力全面推进收费公路的公益化，收费公路的存在其实是和省政府的利益捆绑在一起的。更何况，对于某些县级政府而言，收费公路也是他们重要的财政来源之一。在中部某些县，公路收费甚至有可能达到全县财政收入的三分之一。路桥集团是另一个重要的利益集团，他们是收费公路的直接受益者，没有收费公路的存在，他们的存在意义将大为下降，也不可能有稳定而可观的收入。

因而，省政府和路桥集团具有相同的利益诉求，他们利益诉求的同质实质上决定了他们的立场也基本相同。而更大的问题则在于，依据中央政府目前的规定，收费公路的治理主要由省级政府负责。所以就目前而言，省政府不仅是运动员还是裁判员，他们掌握了真正的权力。而一部分民众和物流业虽然在一定时间里获得了舆论支持和中央政府的认可。但是这种支持和认可所转换的权力是软权力，是临时性的，不可能形成对省政府和路桥集团的持久压力。因而，一旦这种支持和认可缺乏后续的支持，临时性权力就会分崩离析。在这场权力和利益的博弈中，结果其实是注定了的。

继续分析中央政府的角色。收费公路对中央政府而言并没有直接的利益关系，但是中央政府往往需要从全局的角度考虑问题。因为收费公路的存在在一定程度上能够促进地方经济的发展，而经济的发展则是中央政府对地方政府的期待之一。当然，中央政府也不希望收费公路的存在会阻碍物流业的发展。因为依据目前的调查显示，物流业成本的 70% 源自路桥费。所以，最后，中央政府只能在地方经济发展和物流业发展、民众的呼声中做出一个平衡。这也是国务院五部委出台相关政策背后的政策考量之所在。

　　经过上述分析，我们可以发现，完全取消收费公路的吁求在目前的权力和利益运行机制下几乎没有彻底实现的可能。虽然交锋的双方都有强大的利益诉求，但是他们的权力的作用模式和作用结果都是不一样的。利益是行使权力的先导，权力是决定利益归属的关键，这就是本文所提倡的权力—利益分析方法的旨趣之所在。当然，就收费公路问题而言，本文并不同意完全取消收费公路，并且赞同收费公路的存在和发展依然有着较大的意义，收费公路问题的关键，其实不是收费公路的存废问题，而是如何更好地规范收费公路的相关运营主体这一问题。

　　大部分民众在分析社会问题的时候，往往习惯采取"应然"的思维方式，这样的思维方式不仅对于大众来说非常常见，对于许多媒体人来说，也是一种常规式的思维方式。例如面对收费公路问题，很多媒体人除了从道德和法律的角度来批判之外，就止步不前了。站在道德制高点上的批判是毫不费力的，但是这样的道德批判除了能在一定程度上赢得公众的短期关注之外，并不能产生持续的实际效果。所以，这样的"应然"的思维方式其实是不利于问题解决的。因为这样的批判没有抓住问题的实质，也就无法为准确的解决收费公路问题提供一个正确而清晰的导向。如果，媒体在相关的报道中能够论述出收费公路问题背后所潜藏的复杂的权力与利益问题，相信能够让更多的民众看到解决收费公路问题的真正路径之所在：不是从道德上批判收费公路，也不是谋求全部废除收费公路，而是以推进收费公路的规范管理为目标，防止收费公路成为部分公司和个人的敛财工具。

二　静态：权力圈与利益圈

　　收费公路只是诸多社会事件中权力博弈与利益纷争的一个缩影，如果我们运用权力—利益的分析方法来审视中国社会和其他社会在现在和过去所发生的各类事件。我们会发现，所有的事件背后都存在着这样的权力与利益相互影响的机制。或许，只要有社会存在的地方，这样的权力与利益相互影响的机制其实是普遍的现象。

　　以维新变法为例，光绪的失败、慈禧的胜利似乎使许多民众唏嘘不已。但是，维新变法的结果其实也是意料之中的。光绪帝本无雄才大略，属下的变法人士也都是政治上的新手。而慈禧则不同，政治历练自不必说，不仅掌握着军权，而且还有一大批政治上成熟的老臣的支持。光绪如果没有慈禧的保护，连能够当上皇帝都是一个问题。对于历史的解读如果能够回到权力—利益的层面，而不是简单的以历史的是非观来评定历史现象，我相信对于很多历史事件的解读会别有一番意趣。当然，在光绪和慈禧的博弈中，权力并非固定不变的。基于君权的特殊性质，如果光绪能够每天坚持锻炼身体，保持身心健康，等到慈禧终去的那一天，最终的权力都会由他继承。可惜的是，光绪没有这样做，当时的国内外形势也不允许他等待。

从光绪和慈禧的事例中，我们也发觉到了权力和利益的一种特殊性质。即权力和利益是一种事实上存在的状态，而不是一种应然的状态。（当然，应然的状态在越文明的社会越容易对事实上的状态发挥影响，也即我们经常说的正当性问题）并且权力和利益的存在是以一种"圈"的形式存在的。社会中的权力和利益的存在，就是以大圈、小圈，以及圈与圈之间的相互重叠而存在的，每个人都拥有自己的权力圈，而影响每个人权力圈的因素，不仅包括硬实力，还包括软实力。不仅包括职位、金钱这些能够衡量的因素，还包括权威、影响力、个人才智、个人品德等方面。当然，这些因素中，依然有一些因素发挥着主要作用。

仍然以光绪和慈禧为例。依照中国传统的观点，光绪是清朝皇帝，而慈禧是清朝太后。"百善孝为先"，皇帝虽然要孝顺太后，但皇帝毕竟是一国之君，理应执掌大权。然而，这只是应然的一种状态。这种应然的状态是一种软实力，能够吸引一些忠耿之士对于光绪帝的支持，这种支持当然也是光绪帝权力的来源之一，只是由于这种支持的隐晦性以及不稳定性，可以将之归为软权力。这种软权力和光绪帝在政治上的权威一起形成了光绪的主要的权力圈。问题是，光绪在政治上的权威并不大。由于长期处在慈禧的"保护"之下，光绪帝并没有发挥作为一国之君应有的作用，因而也没有机会去建立属于自己的政治权威。因而，正统之名和政治权威共同构成的光绪的权力圈其实并不大。即使有一些年轻的官僚和读书人支持光绪，但是这些官僚和读书人的权力圈也是十分小的，即使和光绪的重叠到一起，仍然不大。像谭嗣同这样出身官宦之家的人，固然有着一定的社会影响力，但是毕竟资历较浅，并没有形成稳定的政治势力。并且，虽然读书人高呼"维新"，但是清朝末期的社会仍然是一个传统的社会，大部分人是守旧保守的，特别是旧官僚。在这样的背景之下，一旦软权力和硬权力发生碰撞，软权力自然不堪一击。相反，慈禧自咸丰去世后一直参与中枢，连光绪做皇帝也由她决定，其政治权威自不待言。再加之当朝重臣中几乎都是她一手提拔的官员，光绪有要事也必须向她请示，因而她对于政治事务拥有实际上的决定权。这样的政治权威和政治实权无疑扩展了慈禧的权力圈，使得她的权力圈要远远大于光绪的权力圈。并且，她手下的重臣也是拥有各自权力圈的，例如荣禄就统领武卫五军。这样的权力在当时的北京来说，也是屈指可数的。而荣禄的权力圈不仅向上和慈禧重叠，向下也和袁世凯他们重叠，因为袁世凯他们也是荣禄的部下。这样一来，权力圈环环相扣，慈禧虽然不是正主，但是其权力圈的庞大是光绪远不能比的。

因而，如果从权力圈的角度来看，光绪的权力圈远远小于慈禧的权力圈。在这场权力和利益的博弈中，光绪能够做的只能是等待。等待着自己的权力圈不断发展，不断培养一些能堪大用的大臣，等待着慈禧的权力圈的不断萎缩。因为，随着慈禧的老去，不仅慈禧自己的权力圈会不断萎缩，她的那些重臣出于未来的考虑也会不断将自己的权力圈从慈禧的权力圈中转移出来，逐步与光绪重叠。这样的现象在皇族的政治斗争中经常发生，说明了权力的变化是难以预见的。

权力圈比拼的背后实际上是利益的争夺，帝党也好，后党也罢，如果没有利益的引导，权力的争斗其实是难已发生的。对于光绪帝也言，执掌大权无疑是自己的核心利益所在。对于那些跟随光绪帝的年轻官僚和读书人而言，光绪成功以后，既能使得他们的政治抱负得以实现，也能确保他们会有一个美好的前途。而对于慈禧而言，她的核心利益无疑在于保证自己长期执政。对于慈禧的大臣而言，慈禧一旦垮台，他们的身家性命都会堪忧。一朝天子一朝臣，他们其实已经和慈禧构成了一定程度上的利益共同体。并且，在慈禧的近臣们看来，慈禧并非毫无是处的老婆子，而是有着雄才大略的太后。这样，双方各自的利益圈也就清晰可见了。但是利益在一定期间里其实是有限的，也就是说双方的利益在一定程度上是重叠的。在光绪和慈禧的政争中，他们之间大部分利益圈都是重叠的。这就预示着，双方必须做出一个你死我活的争夺，才能赢得属于自己的利益。如果光绪帝能够放弃自己的利益，甘于等待，这样的悲剧当然不会发生。但是，一旦光绪帝想扩展自己的利益圈，而他和慈禧的利益圈又高度重叠，除了去挤占慈禧的利益圈，他其实别无选择。所以，光绪利益意识觉醒的那一天，其实就是他和慈禧政争正式开始之时。

在国际政治中，利益圈重叠的现象更加复杂。例如，IMF份额的争夺，中东影响力的争夺，全球大国的争夺，都是利益圈重叠的一种表现。在封建社会，由于产权划分不甚清晰，面对重叠的利益，大家只能通过协商达成共有的共识。在现代国家，产权划分越来越清晰。所以，在古代社会中的那种"你中有我，我中有你"的利益圈状态已经逐渐的演变为现代社会的"你中没我，我中没你"的利益圈状态。在封建社会，一大家人之间的财产是不分你我的，大家共同劳动，共同享有。而在现代社会，这样的状况不可能再出现，兄弟之间、夫妻之间、甚至是父子之间，往往利益的划分也是极为清楚的，不可能再出现封建社会利益圈大范围存在的现象。现代社会中，基于财产的利益圈的划分已经是十分清晰，各自的利益圈基本上也没有交集。

然而，如果我们将利益理解为一种好处的话，那么在全球社会中，利益并非是单一的，而是多元的。不仅有财产上的利益，还有民族情感上的利益，还有政治上的利益，还有亲情上的利益，还有道德上的利益。当然，笔者的这种理解是将利益外化为一个十分广泛的概念。例如说民族情感上的利益。外族入侵，如果他们声明说完全确保个人的财产的安全，不收缴不征用，可能确实没有对个人的财产利益构成侵害。但是，这种入侵却侵犯了民族感情，其实也是个人的利益的一种侵犯。并且，在许多人看来，他们宁愿自己的财产利益受到损害，也不愿意自己的民族情感利益受到损害。很多情感的利益有时会远远重于物质上的利益。所以，我们将这些感情上的利益归于一种广泛化了的利益，其实也是暗含了利益的应有之义。

现代社会中，财产利益所形成的利益圈已经做到了非常清晰的划分，基本上没有什么重叠了。但是政治利益和社会利益所形成的利益圈却并非如此，往往依然高度重叠。并且，这种重叠还是大范围的。例如说在上述的收费公路问题中，地方政府、路桥集团、一部分民众、物流业的利益是重叠的，这种重叠其实就是一种利益博弈的前兆。再例如，在拆迁问题上，地方政府和拆迁户的利益也是高度重叠的。造成这种结果的原因主要在于财产利益能够进行十分清晰的划分，但是政治利益和社会利益却无法做出十分清晰的划分。因为政治利益和社会利益中的变量太多，并且变动性也很大，根本无法做出一个十分准确且具体到个人的划分。政治利益和社会利益的区分有时是不可能适用产权划分的那套区分机制的。因而，政治利益和社会利益的这种无法完全区分的特性，也使得政治问题和社会问题成为一个国家和社会必须长期面对的难题。或许，制度建设完善的社会面临的困境更加小，而制度建设落后的社会可能面临的困境更加大，但是其实所有的社会都会面临着这样的困境，只是程度不同的而已。例如说，曾经被引为全球样板的西欧社会和美国社会就陷入了福利制度的困境之中。而之前还有美国学者鼓吹文明的终结，其实是忽视了永恒的权力与利益冲突之下的政治利益和社会利益的波动性。

利益圈的这种多元存在在一定程度上使得现代政府在平衡各种利益的时候往往不可能满足所有群体的利益。但是现代政府又必须在一定程度上尝试着去平衡各种利益，所以现代的政府往往会成为各种反讽的对象。这种现象的根源在于利益圈的多元化无法在现代社会完全消除。在弗里德曼的《世界是平的》这本书中，他描述了全球化这一趋势的巨大影响力，似乎全球同质化的明天也指日可待。事实上，这样的看法太过天真和简单。因为，在全球化这一过程中，西方的价值观也随着西方在经济上的优势地位向全球扩散。这种扩散带来的不仅是西方的自由主义传统，而且还有对其他国家和地区的文化与传统的冲击。这种扩散所产生的两个结果恰恰使得世界变得更加复杂。自由主义带来的是个体的多元化。而传统文化在西方价值观的冲击之下崩溃以后，原本有所依归的旧个体变成了无所依归的新个体，陷入了西方价值观和本土价值观的激烈冲突之间。这样的状况使得在传统中原本同质的一群人变得四分五裂。所以，全球化产生的不是同质的社会，而是更加多元的社会，特别是个体的多元以及利益的多元。

毫无疑问，今天的利益圈的存在正在面临着越来越多的因素的影响。这也使得利益圈变得更加复杂。每个人都有不同的利益圈存在，每个人的利益圈的存在又可以细分为各种利益圈。这对于个体来说当然是一件好事，因为意味着每个个体可以享有更多的利益，个性得到了更充分的发挥。而对于作为一个整体的社会来说，利益圈的多元化导致的后果却是极为严重的。利益圈的多元化也就预示着现代社会的公共功能会变得日益脆弱，社会越来越难以在愈来愈复杂的利益面前做出适当的公共政策的取舍。社会在发挥他应有功能的时候的惰性也会越来越大，因为社会很难寻找到利益的平衡点。这种困境也就意味着对于个体存在而言，社会的重要性越来越弱。

三　动态：权力的变形与利益的转移

前文提及的光绪的权力中，有一部分来自于他作为江山正主的名义上的软权力。因而，我们可以将权力做出一个最基本的区分，即软权力与硬权力。硬权力可以有多种定义，本文认为硬权力是指那些能够左右别人的事实上的权力，比较显而易见，较好衡量，带有很大的强制性和约束性，一般与某类成文的规则有关，建立在一定的社会结构的基础上。而软权力相对来说，就没有那么明显了。软权力包括一个人的权威、影响力、能力、以及人际交往能力等。软权力的最大的软肋就是必须通过硬权力才能发挥作用力。软权力对于硬权力有时是一种支持的作用，有时则是一种削弱的作用。

前者以中国的袁世凯为例，当他在 1909 年被迫到河北"养病"的时候，表面上袁世凯的硬权力已经消失殆尽，而实际上，他在清王朝和北洋系统的软实力依然不容小觑，他依然是北洋系统事实上的领袖。所以，一旦辛亥革命爆发，清廷到了用人之际，不得不提拔袁世凯之时，袁世凯的软实力就马上转化为政治上的硬实力，从而得以在短时间内重新执掌清廷的大权。但是，袁世凯所拥有的软实力其实也是十分危险的，因为袁世凯的软权力虽然巨大，但是毕竟不是硬权力，不能直接发挥作用。也就是说软权力在转化为硬权力的过程中具有很大的不确定性，远远没有掌握硬权力来的实在。而要将软权力转化为硬权力，实际上是需要机遇的。可以想象，如果当时的摄政王载沣再多一点政治智慧，不至于将清朝国事贻误至此，那么辛亥革命的发生可能就可以避免。而对于袁世凯来说，他的软权力便永远也无法转化为硬权力，他也许就只能在他的"养寿园"安度晚年。

后者以卡扎菲为例。他的硬权力在利比亚境内不可谓不大，但是为什么被推翻呢？其实这和卡扎菲的软权力不够强大有关。利比亚在一定程度上来说还不能算是完全的现代国家，因为在利比亚，部族的权力是十分强大的。所以，卡扎菲虽然是名义上的利比亚老大，掌握着整个国家的硬权力。但是他的软权力却被许多部族长老的权力所销蚀，并且这种销蚀的程度还特别大，甚至类似于中国古代的"皇权不下县"，利比亚是"皇权不下部族"。因而，卡扎菲的权力不同于科层制的现代国家领袖的权力，虽然在硬实力上两者是相同的，但是在软实力上两者差距很大。所以，一旦外部势力介入，打破了利比亚的硬权力的平衡，卡扎菲的软权力的脆弱就马上展现了出来。那些长期对他不满的部族纷纷出兵出力，支持对卡扎菲的反叛，此时卡扎菲的硬权力就被软权力大大的削弱。所以，北约才能快速的干掉卡扎菲。对于一个国家来说，硬权力始终是台面上的有限的权力，包括政治上的、军事上的、文化上的权力。而软权力则是无形的，广为存在的。所以，一个硬权力的衰落必定会有其他的硬权力取而代之。但是，软权力如果在退化，就不一定有新的软权力能够取而代之。而硬权力的纷争无疑是国家动荡的开始，所以利比亚现在急需建立的是一个强大的硬权力。

最能说明权力的变形的往往是革命或者社会变革的过程，孙中山先生所领导的清末革命过程就能说明这种变化。孙中山先生所代表的革命派本来在社会上的支持度并不高，并且势力也不大。然而，随着清朝处境的进一步凶险，越来越多的民众开始反思清朝统治的不合理性。这种反思不合理性的现象其实是清朝政府的软权力开始被销蚀的征兆，相应的对政府的反感增加了对革命者的好感，其实也就是革命者软权力增强的过程。所以，从广州革命开始，一直到最后的辛亥革命，似乎孙中山先生所领导的革命屡败屡战，如果仅从事实层面来分析，孙先生在辛亥革命之前的努力其实都付诸东流了。但是，在这一过程中，革命派的软权力不断的转化为革命派的硬权力。再加之孙中山先生联络了会党等非正式的硬权力，从而使得革命派的硬权力的力量进一步壮大。而硬权力的壮大又在一定程度上使得更多的民众理解了革命党的存在，也使革命派拥有越来越多的软权力。这种良性循环最终像滚雪球一下越滚越大，最终势不可挡。因而，清末革命派不仅在革命中宣传了革命的理念，扩大了革命理念对社会的影响力，而且通过一种良性的循环机制创造了越来越大的软权力和硬权力。正是这种软权力与硬权力之间的相互转化才为革命的成功提供了可能性。当然，在这一过程中，我们可以看到的是，由于辛亥革命的发生具有很大的偶然性，也就是说孙先生所领导的软权力转变为硬权力的程度并不够，并没有强大到可以和原有的政府的硬权力相抗衡的地步。所以即使革命在名义上取得了成功，但是双方在权力的对比上依然是悬殊的。最后，即使辛亥革命得到了当时舆论的大力支持，但是权力的彻底变更并没有实现，革命后的政权仍然主要为清末北洋集团所掌控。

这里需要说明的另外一个问题是，并不是所有的革命都能够产生孙中山先生所领导的革命的这种软权力和硬权力良性循环的效果。孙先生的成功离不开当时的整个国际局势以及国内政局的演变，再加之中国社会和文化的特殊性等因素，如果将孙先生的经验应用到其他国家，则未必可能成功。例如，格瓦拉的革命就以失败告终。这也就意味着，获得软权力在一个正常的社会中是困难的，而要将一种软权力成功的转化为硬权力，更是需要非常多的现实条件，才能得以成功。

在中国的历史上，往往前一个政权垮台以后，他的软权力还会残留在这个社会上。所以，后起的政权往往都面临着一股强烈的政治整合的压力。这种情况在清朝建立的过程中表现尤为明显。因为在清朝建立的过程中，不仅是新旧政权交替的问题，还牵涉到不少士人心目中的"灭族问题"。所以清朝建立之后，明朝的遗留软实力就表现的十分之强大。以至于抵抗四起，让清朝忙活了几十年。而解放后，新中国能够如此快的消除国民党在大陆的软实力，不仅说明了中国共产党能赢得民心、深具政治谋略，也说明共产党政权确实具有一流的组织力。

从辛亥革命的过程中，我们可以观察到，权力的博弈其实就是政局走向的基础。在辛亥革命中，革命派虽然先声夺人，但是毕竟实力弱小，又没有得到强有力的权力集团的支持。而清廷虽然处于一片骂声，但是满族官僚的垮台换来的不过是汉族官僚的兴起，只不过是换了一副面具而已。革命派依旧没有掌握可以控制全国的硬权力，而守旧派所掌握的硬权力则强大到可以在实力上压倒革命派。所以，真正的权力依然掌握在以北洋集团为核心的汉族官僚的手里，革命派只是具有软权力上的优势而已。这种软权力的优势当然需要一个良好的社会环境以及一个长期的过程才行完成向硬权力的转变。然而，在当时混乱的环境里，这样的条件几乎是不可能具备的。所以，革命派的软权力就不可能转化为硬权力，革命派也就只能处于权力的下风了。这也就意味这中国革命的过程其实远远还没有结束，后面还有很多路要走。表面上的成功不是真正的成功，只有革命派掌握的权力足以控制全国的时候，革命才能算真正的成功。所以，从这个角度我们就能理解，为什么应该成功的革命最后会落到如此地步。

"没有无缘无故的权力，也没有无缘无故的利益"，权力的背后躲藏的是利益，利益背后隐藏的是权力。在人类社会的每一次权力变形的背后，都预示着利益格局的改变。在人类每一个权力变形的前面，都有一种利益变迁的欲望在引导着。利益变迁的欲望在一定程度上主宰了我们社会权力斗争的所有面貌，并且经久不衰。当然，如前文所言，利益并不是指纯粹的物质利益、政治利益、文化利益，也包括精神上的利益，例如说民族情感上的利益、个人成就感的利益等。这种泛利益的概念实际上统合了人的欲望、物质上的利益、人的道德感等诸多概念，虽然有些杂乱，但对人类来说，都是一种看得见或者看不见的好处。称之为利益，也许并不为过。

在麦克弗森的《占有式个人主义的政治理论》中就谈到了利益的变迁对权力的影响，当然，这种影响是通过权力的变形来实现的。麦克弗森所描写的是 17 世纪英国资产阶级革命时的历史，当时，英国的新贵族和资本家通过一系列的资本增殖活动不断的改变着英国的传统社会，这种改变并没有造成新阶层与旧阶层的冲突，或者说这种利益的冲突便不剧烈。但是，随着情况的进一步变化，新阶层的利益需求越来越多，因为，他们清晰的看到了一个更加美好的未来世界，而挡在他们通往美好未来世界的路上的，正是旧阶层。资本主义制度所释放出来的强烈的利益欲望鼓动着他们，使得他们对于旧阶层的仇恨与日俱增。当然，仇恨从来都不是单方面的，旧阶层对新阶层从来也不会少，社会的分裂越来越大。依照麦克弗森的观点，之所以发生这样的冲突的原因有两点。一是因为占有式市场社会要求劳动力商品的自由交换，而英国传统的等级社会的秩序恰恰阻碍了占有式市场社会的这种需求。二是在市场中所生发的平等的市场主义的新道德逐渐取代了等级社会的不平等的旧道德，因而为新阶层的利益欲求提供了道德上的支持。不管麦克弗森的论述是否符合当时社会现实，也不管发生冲突的原因到底有多少。总之，新阶层的利益欲求，推动了新阶层对于权力的欲求。因为，没有权力的保障，他们的未来利益就无法实现，他们的现实利益就不能得到保障。事实上，当时的英国国王已经准备向他们下手了。

当然，赤裸裸的基于利益的权力抢夺是否能获得其他阶层的支持是个很大的问题。于是，新阶层就需要包装自己所发动的权力争夺，他们通过对各种学说的采纳和吸收，并多番宣传，使得新阶层自发的权力争夺看起来更加光明正大。这种包装确实效果很好，以至于很多人认为类似的权力争夺代表了社会未来前进的方向。但是，到现在为止，还没有学者完全能够确定人类社会所走过的所有路都是最正确的。不过，不管怎么样，新阶层通过这样的包装确确实实获得了不少来自民间的软权力。当然，最终决定战局胜负的还是新阶层的硬实力。新阶层的硬实力当然是不容小觑的，因为，他们在长期的市场经营中已经收获了巨大的财富。在叛乱伊始，这种巨大的财富迅速转化为军事实力这一硬权力，于是他们开始了和旧阶层的战争。并且，凭借着他们所创造的巨大的新财富，他们终于实现了争夺权力的目标，然后将权力争夺进行了更加高明的包装。既是为了保持新阶层在民间的软权力，也是为了用自身的正当性来防止其他阶层模仿这种权力的争夺行为。新的阶层所赢得的胜利并不能说明他们就理所当然是旧阶层的继任者，这种逻辑纯粹是一种"弱肉强食"的逻辑。不过新阶层的胜利倒是可以说明，新的阶层要想赢得旧的阶层，一定要有足够的权力的基础，这种基础可能来自民众的支持，也有可能来自于自我积累的财富或者军队、甚至是外国势力的干涉等等。

英国的资产阶级革命只是个案，但是却反映了历史的普遍规律，即我们的社会永远都行走在权力与利益的中间，他不会偏离其中之一太远。在这里笔者想探讨的问题倒不是权力与利益使我们社会发展的基本脉络这一原则，实际上整篇文章都在谈论这个问题。本文想探讨的是为什么在17世纪的英国，新阶层的利益能够强大到足够与旧阶层作对？这个问题之所以重要是因为，他可以为我们提供一种社会变革的节点的思路，即一个新阶层的利益强大到什么地步才能改变权力的格局。当然，笔者并不认为这个问题具有很大的普适性，因为英国革命的发生除了权力与利益这一核心要素之外，还与英国的文化传统、历史习惯以及当时的社会现状有关。笔者从来不相信一个理论可以解释整个社会或者社会的大部分，这只是一种理论上的幻想。但是理论至少可以对我们理解过去和现在提供一种思路，或许这种思路可以让我们更清楚地看到我们的社会现在所处的历史位置。

新阶层的利益能够强大到和旧阶层对抗，当然离不开伊丽莎白女王通过海盗活动进行的资本积累，也离不开圈地运动所产生的大量劳动力，新阶层的产生并不是一夜之间的事，他们是经过了长期的发展和积聚才形成了一定程度上的组织。在新阶层产生之初，没有人会想到他们会在日后的革命中成为旧阶层的埋葬者。在当时的人们看来，不管是新阶层也好，还是新阶层之外的人也好，他们只是觉得这批人在追求利益，甚至还会有人嘲笑他们对利益的执着，显然，这些嘲笑者不太可能预料到这个阶层在未来所产生的爆发力。当新阶层还在尽情的追逐自己的利益之时，他们当然不会在意旧阶层的存在对于他们的阻碍，因为他们的利益还没有发展到和旧阶层势不两立的地步，并且他们的实力也没有强大到和旧阶层对抗的地步。但是随着时间的发展，新阶层发现他们无法逾越旧阶层这个阻碍，除了夺取旧阶层的权力，并且，随着时间的发展，新阶层也有足够的权力去对抗旧阶层的权力，从而夺取他们的权力。这说明急剧的经济变化所产生的新阶层对于原本存在的权力有着天生的仇视心理，总有一天他们会采取手段夺取这个权力，因为他们从这个社会所获得的利益已经足够的大，他们需要更大的权力，他们也有实力去获得更大的权力，这种必然性从社会变革的逻辑上所获得的是双重支持。

四　机制：权力—利益的自我运作

在前文的论述中，我们可以看到权力的转化过程是一个非常复杂的过程。同时，在社会存在中，权力作为一种事实状态，对于社会的影响不会自然而然的生发出来，他还涉及权力的自我运作机制。因为事实状态是一种客观的存在，他不会必然而然对整个社会产生影响。所以，具有权力之后，如何更好地运用权力也是一个问题。即权力的大小是个问题，权力的运用则是拥有权力之后必须面对的首要问题。本文认为，权力的运用主要涉及两个最主要的因素，这两个因素的存在直接决定了权力对于社会的作用力。第一是权力的组织化的程度，第二是权力的运用者的能力，即怎样运用权力的问题。

权力的组织化的程度说明了权力能在多大程度上从分散走向聚合，而聚合则是权力存在的基础，分散的权力不能形成合力，因而只是一种可能的权力，而不能是一种实际的权力。这也就是为什么在大部分社会中，普通的分散的民众在面对国家权力的时候显得弱小。而一旦形成了大的群体性事件，民众所展现的权力又能大到让所有类型的政府不得不寻求协商解决。在本文中我们所谈及的其实主要是政治上的权力，依照霍布斯的观点来看，政治上的权力的实质其实是来自分离的个体对自我权利的一种让与。因而，政治上的权力其实是来自于分离的个体。如果，这种分散的权力不能够被组织化，形成一股合力，其实这样的权力就仍然只是理论上的权力，而不能得到很好的应用。因而，对于现代国家的政府而言，如何形成一个强有力的组织化的权力一直是个大问题。卡扎菲之所以失败，不仅在于西方对于他的打击，其实更主要的是在他的任内，他没有解决利比亚作为一个现代国家的组织问题。卡扎菲对于部族的权力做出了很多限制，但是仍然没能完全组织化。

国民党也一直面临着权力如何组织化的问题，在王奇生教授的《党员、党权与党争》这本书中就很深刻的谈到了国民党基层组织的脆弱是国民党之所以失去政权的一个很重要的因素。基层组织的脆弱自然使得国民党的权力难以下达基层，从而缺乏社会的根基，所以表面上拥有强大权力的国民党由于在权力组织化的过程中的失误，使得自己的权力大打折扣。韩毓海在他的《五百年来谁著史》里谈到中国自宋以来为什么会逐渐衰落的原因里，除了金融方面的原因比较关键之外。另外一个比较关键的原因就是中国作为一个国家的组织能力太弱，根本无法与西方的现代国家相比。虽然中国的 GDP 和人口在鸦片战争时依然是世界第一，但是这么强大的权力却没有被政府有效的组织起来，因而不能产生一个强大的权力和西方的入侵者对抗。当然，权力的组织化需要由很多的社会条件，例如说高效的政府、强大的政权、社会的非等级化。而这些条件，对于当时落后的清王朝而言都是不存在的。

权力自我运作机制需要考虑的第二个因素是权力的运用者的能力。这就类似于创业者对初始资金的运用，有的创业者只有100元的初始资金，但他能挣1万块钱。有的创业者有10 000元的初始资金，他最后却都赔光了。所以，权力的运用者的能力很大程度上决定了权力的最终命运，或者是在权力的原有基础上扩大了权力，或者是在权力原有基础上缩小了权力，甚至使得权力荡然无存。依然以中国传统社会为例，在中国历史上，关于权力运用者能力的典型反面案例是建文帝。明太祖去世之后，他不仅是名义上的君主也是事实上的君主，掌握着强大的军事权力和政治权力，又拥有政治上的主动性，但是由于在削藩问题上过于急躁，加之用人失误，最后竟然在和燕王朱棣的争夺中失败，只能拱手将皇位让给他的叔叔。这个案例真切的说明了权力的强大并不是一切，如果缺乏对于权力的有效的运用，强大的权力于事无补，不能够达到权力拥有者所期待的效用。

与权力自我运作机制相关的另一个因素是对于权力本身的发掘，这个因素与前两个因素相比并非十分关键，但是依然值得我们的重视。由于权力不仅包括软权力和硬权力，而且权力还不断变动，软权力与硬权力之间又有一个复杂的转变过程，所以，权力本身是不稳定的，随时可能被重新创造和组合的，即权力本身也是可以发掘的。这种解读可以以墨西哥贩毒集团的膨胀为例。作为贩毒集团，他们的权力本来只涉及于与黑道事务有关的事项，即一种非正式意义上的硬权力。但是，随着他们对于墨西哥政府的权力和运用能力的了解，以及墨西哥政府本身的腐败和低效，他们发现可以凭借手中所掌握的黑道权力为依靠，将自己的权力延伸到政府的权力中去。从而将非正式的硬权力转变为正式的硬权力。他们通过贿赂和恐吓以及一些必要的暗杀手段，成功的控制了墨西哥某些省份的公安部队的权力以及某些城市的市政权力。在政府权力薄弱的地方，他们根本就不需要顾及政府的正式的硬权力的存在，而是直接在社会中使用他们的非正式的硬权力。在墨西哥的这些地方，其实是黑道的非正式的硬权力与政府的正式的硬权力一起进行社会治理，这种极端化的现象也就在一定程度上说明，现代化的社会一定需要强大的硬权力的存在，一旦出现了硬权力的真空，一定会有另外一种硬权力进入，不管是合法的还是非法的。这也是中国政府在推进地方民主的过程中必须要重视的问题，因为地方民主的推进过程中可能会导致政府权力出现一定程度的真空，在这种情况下，如果缺乏有效的监督，就有可能导致黑社会介入地方政府的运作。张千帆教授在他的文章中就提到了这一问题，认为我们必须要警惕地方黑社会的政府化。

经过对权力的自我运作机制的影响因素的解读，我们可以从中归纳出权力的四个特征。

首先，权力是变动的。社会上所有的权力其实都不是完全稳固的。在一个现代国家中划分明确的行政权、立法权、司法权也会发生变动，即使三类权力在硬权力的层次上没有发生改变，但是在软权力的层面上，三类权力的变化也是无处不在的。行政权或者司法权运用的好坏形成了权力使用结果的好坏，而这种权力的使用结果会让普通百姓心中形成对权力的认知。如果权力的使用结果是坏的，他们对于权力的正当性的确信度就会下降，进而降低了权力的软权力层面上的权威。日积月累，软权力的侵蚀最终会导致硬权力的坍塌。因为，在权力本身的体系中，他是由软权力和硬权力共同组成的。这两者的质和量本来应该处于大致相当的状态。在社会现实中，这两者的质和量几乎总存在着或多或少的差异。如果是软权力的质和量等于或者超过硬权力的质和量，这个时候硬权力本身是安全的。但是如果，软权力的质和量小于硬权力的质和量，此时的硬权力就是危险的。软权力的缺失越多，硬权力的危险程度就越高。

其次，权力的权威性最终取决于运用者的能力。这和霍布斯的观点有些不同。在霍布斯看来，主权一旦建立起来就是绝对的权威。如果说有什么因素导致主权的解体的话，在他看来，主要就是臣民的问题，而与主权者无关。但是如果从权力本身的性质来理解的话，会发现事实并非如此。权力不仅是客观存在的，他还需要现实的运用者来实现他。在一个纷繁复杂的社会中，权力的行使必定会牵涉到众多的利益群体，因而对权力的有效使用非常需要智慧。现代社会中的权力始终会受到软权力的约束，如果权力的运用者在使用权力的时候触犯到的利益主体的利益过多，而获得的利益主体的支持度又相对较小的话，那么这样的权力的运用者实际上是在进行自我损害。这类人对权力的使用不仅不能产生期望的效果，反而会发挥负面作用。权力的持久性依赖于权力的运用者的能力。

另外，权力的权威性之所以最终取决于运用者的能力，其实也与权力对于社会的全面覆盖有关。在前文曾经提到，社会到处都是权力圈，并且很多权力圈之间都是互相重叠的。所以，整个社会都处于权力圈之下。在这些权力圈和利益圈之中，有些权力圈和利益圈的作用是主要的，有些权力圈和利益圈的作用是次要的。处于权力圈和利益圈之下的社会不同于我们理想中的社会，人们应该考虑权力圈和利益圈这两个问题。由于人受到欲望的过多驱使，往往只会考虑到利益圈的存在，而忽视了权力圈的存在。造成这种状态的原因，除了因为欲望之外，可能还与大部分人自我认识的膨胀以及长期以来所形成的对于社会的误解有关。这是人类社会一切悲剧的根源。因为，人们对于利益的重视，以及对于权力的轻视，往往会导致许多的贸然行动，导致对行为后果预测的失误，从而产生了许许多多失败的改革与革命。这也是为什么我们在思考历史的时候会对前人某些努力的失败感到无奈的原因。缺乏对于社会权力机制的思考，而单纯的依赖于利益的期待，其实是对社会发展规律和人性的一种误解。

对社会权力机制的忽视往往还会产生另外一种结果。一些改革者往往有可能在变动的社会中掌握变动的权力，进而增大其掌握的权力。但是，由于对社会权力机制的忽视和对利益的一味强调，使得改革者错失了运用权力的自我运行机制来为本身服务的可能。因而，在最终的权力斗争中落败。直到现代，新的组织架构和组织工具（例如网络、手机）的出现，才使得大规模的动员和组织成为可能，对于改革者来说，当然是将软权力转变为硬权力的极好机会。这也说明，在现代社会，软权力向硬权力转变的速度和概率将会越来越快。之前的一些社会，这种转化速度是不可想象的。在中亚的颜色革命和最近的中东的一些变乱中，都可以看到软权力向硬权力的快速转化的过程。

最后，是关于权力的最终落脚点问题。社会有时就像一辆车一样，权力和利益就是这个车的发动机，也是这个社会的核心部分。但是，一辆车光有发动机不够，还要有制动系统、传动系统，最好还要有一个漂亮的车身。社会也是一样，社会光有权力和利益不行，还要有道德的约束，还有要社会关系的链接，同时还要有一些理论能够很好的解释这个世界，使大部分人能觉得自己是生活在一种幸福或可能会幸福的生活里。这些部分对于一个良好的社会而言是必要的，并且缺一不可。然而，我们对于社会的认知却不能被车身欺骗了，我们必须能够掀开车身，看到车的实质，看清楚车的传动系统、制动系统，最重要的是看清楚这辆车的发动机是如何运作的。

五　权—益型社会

对于社会的理解有多种，对社会形态的解读也有多种理论。依照古典主义政治哲学的观点来看，人的终极目标是幸福的生活，是过适度的生活。从现代的政治哲学的观点来看，人不过是为了自己的欲望活着，人追求的东西就是他想要的。在这两种不同的政治哲学观点里，其实都包含了一个共同的词语，即"我要"，说明人类对于这个社会是有所期望的，人类有着自己的诉求。而这种诉求，在笔者看来也是一种利益的表达。因为，利益从广泛意义上来理解，及是一种好处。人为什么要追求幸福的生活，显然是因为于人有利。人为何要对别人好，那也是因为"赠人玫瑰，手有余香"，这样的人生让他觉得有意义。所以，我们不管对于这个社会有着怎样的诉求，追根到底，最后的落脚点都是自我，都隐藏着一种自我的利益诉求。

有利益诉求并不奇怪，因为人本身就是从动物进化而来的。对于动物来说，趋利避害才能生存下去。所以只要人生存在在社会上，人的本能就会不断地告诉自己，必须趋利避害，也只有趋利避害，人才能生存下去。不趋利避害的人在世界上是无法存在的生物的本能和基本的生存规则告诉我们，能在社会牛存下去的，都有基本的趋利避害的本能，转而言之，在人的生存之中，其实隐藏着无数的利益诉求。

不同的利益诉求决定了不同的人生方向，但光有人的利益诉求是不够的，在社会形成的时候，社会关系就产生了。即人与人之间有着广泛的社会关系。人的利益诉求除了向自然界表达之外，随着社会的进步，这种利益的诉求，更多的需要向社会来表达。而这种表达必然依赖社会关系的连接进行。社会关系的连接就是权力的纽带，可以使得社会关系发生变化的是权力。

权力与社会关系的关系问题是我们要讨论的问题之一。社会关系实际上是在人与人之间的交往过程中实现的，而权力则通过这种交往的过程日积月累形成了能量的积聚。最终，在一定程度上形成了权力的形式。权力的本质含义是一个人能使另一个人做某事的能力，随着社会交往的不断发展，这种能力不断的积聚起来，最后终于形成了一定质和量的权力，于是权力终于从社会关系中走了出来，成了一个相对独立的存在。当然，这种存在依然是要以社会关系为基础的。

在权力独立之后，权力的存在并不是一成不变的。权力会和这个社会的各个方面发挥着互动的作用。权力会和个体互动，权力会和文化互动，权力会和社会的组织结构互动，权力会和社会的发展形态互动，权力也会和大众的意识形态互动，正是在这种互动中，权力表现的越来越复杂。最终，权力瞄准了利益至上，落脚到了运用者的手里。

利益虽然保证了每个人存在的可能，但是权力却使得这种存在的可能受到了限制。所以在权力—利益内部其实也存在着一种互动的机制。利益是权力的导向，权力也是利益的基础。然而，大部分情况下，这个社会中，利益和权力并不是完全重合的，于是利益会在社会中试图寻找能与之对应的权力，权力也试图在社会在寻找与之对应的利益，利益与权力的寻找机制并不是畅通无阻的。相反，正是因为寻找机制的存在，使得社会经常陷入利益与权力的纷争之中。社会除了利益与权力之外，还有太多的其他的因素存在。这些因素的存在，都会对权力与利益的匹配构成影响。例如说，个人权威、社会风俗、传统习惯、社会偏见等。但是这不会影响利益与权力的寻找机制。当然，除非人类能够在社会中清除利益与权力之外的其他所有因素，否则利益和权力是永远不可能完全相匹配的。就是说，人类必须在利益和权力的纠葛中延续自己的历史。

此类社会存在已经深入了我们社会的各个角落。例如说，一个个体为什么会喜欢上另一个个体。也可以描述成一种利益，因为他能够从这种喜欢中获得快感。一个个体为什么会去做好事，不管是从佛教的角度理解，还是从迷信的角度理解，都可以说是利益。因为，他相信这样做对他有利。即使一个人是真诚的为别人好，也是出于一种个人的利益。因为他相信这样做能够体现自己的价值。不管他自己有没有意识到，所有的机制背后都会有利益的存在。

同样，一个个体在喜欢上另一个个体的时候，其实两个个体的社会关系中就存在着一个权力。他们之间的权力是微小的，但是依然存在的。喜欢的个体往往处于权力的弱势阶段，而被喜欢的个体往往处于权力的强势阶段。当然，这种权力只是客观存在的，至于当事人是否会去运用这种权力，则是个人的选择问题。如果被喜欢的人去运用这种权力，他就会发现这种权力是超乎想象的大。当然，这种权力是一种软权力，但是，在某些时候，软权力并不必然比硬权力小。延伸到社会的政治领域，这种权力机制的存在更是无处不在。政治家在思考施政政策的时候，往往容易被本身的利益所蒙蔽。不过与普通人相比，他们更能看清楚现实社会所存在的各种权力机制，因而，他们在表达利益之时，也不会盲目的以较小的权力与较大的权力进行对抗，从而使得自己的利益不能表达。相反，即使他们在自己权力较小之时，他们也会通过分化、瓦解或者联合的手法来削弱对方的权利，进而增大自己的权力，以获得期望的利益。或者，政治家干脆会修正自身的利益，避免和较大的权力进行冲突。这也正是政治家的智慧所在。

六　中国传统社会与权—益型社会

中国传统社会与权—益型社会有着十分高的重合度。在中国的传统社会中，虽然往往注重家族的功能、重视道德的控制、依赖集体主义的观念，但是这些思想并没有走出权—益型社会的界限。相反，中国的传统社会依然很好的表达了权—益型社会的特质。

在中国传统社会中，权力与利益的寻找机制虽然没有现代的中国社会这么强烈，但是依然主导着整个社会的基本走向。对于中国传统社会而言，各个阶层都有着自己的利益诉求。对于皇室和贵族而言，巩固统治是不二选择。对于官僚阶层来说，保持自身和皇权共治天下的可能以及维护自身的权势也是主要的目标。而对于一般的士绅阶层来说，则是要保证他们在民间的基本权威以及家族的财产权等不受侵害。对于其他的普通老百姓而言，他们需要的是"耕者有其田"。在一定程度上，中国的封建社会存在着强大的礼教约束，这种约束是与权力与利益的寻找机制相反的。权力与利益的寻找机制将人最本能的利益诉求表达出来，而封建礼教的约束则尽可能消融这类利益的诉求。即使是在封建礼教极为强大的中国封建社会，封建礼教的约束机制并没有消融权力与利益的寻找机制，当然也是不可能消融的。因为权力与利益的寻找机制乃是人生存与此世的根本所在，消融了权力与利益的寻找机制，也就消融了人类存在的可能性，社会也将不复存在。

农民起义能够很好的说明权力与利益的寻找机制的存在。封建社会的农民当然不同于今天社会的公民。封建社会的农民的公民意识十分淡薄，对于自己的利益的敏感度也没有现代社会的公民这么强。但是，这并不意味这他们不会表达自己的利益诉求，只能说他们对利益诉求的表达可能十分滞后和迟缓，但终有一天他们会表达自己的利益诉求，并且可能是一种十分激烈的方式。封建时期的农民受封建社会的礼教约束，只有可能选择十分激烈的反抗方式，对于当时的农民而言，采取现在的协商机制和民主机制来解决问题是不可想象的。

如果说农民起义反应的是整个社会权力与利益的寻找机制，那么在封建社会的上层阶层内部也依然存在着各类权力与利益的寻找机制。这种寻找机制最显著的表现是在一些政治改革中，例如王安石的改革、张居正的改革和清朝末年的新政改革。以王安石的改革为例。王安石的改革在一定程度上能够增强宋朝的国力，缓解北宋长期过度中央集权所产生的机构臃肿和效率低下的问题。王安石的这场改革中，始终绕不开既得利益集团的强大阻挠。神宗在世之时，王安石凭借神宗的支持，能够强有力的推行他的政治改革。但是一旦神宗去世，孤立无援的王安石马上陷入了政敌们的攻击之中。对于王安石而言，神宗在世的时候，他的硬权力是远远超出他的软权力，因为在朝廷在他资历尚浅，还没有足够的政治权威，并且他为人过于自我，人格上也没有为太多大臣所认可。因为有神宗所赋予的巨大的硬权力，他能够通过行政的强制措施来推行他的主张。但是，王安石所拥有的这种权力的内部是极不平衡的，因而也是十分危险的。所以，一旦支撑他硬权力的政治人物去世，王安石的权力之塔也就轰然倒塌了。

王安石权力之塔的倒塌不仅在于他自有的权力的脆弱性，更重要的是权力与利益的寻找机制在发挥着作用，也就是说王安石没有处理好与对手的权力之争。王安石的这些改革所触犯的保守派的利益诉求主要体现在两个方面，一是保守派的保守价值观，二是他们的切身利益。对于一般人而言，利益是一些实实在在的物质利益，但是，这样对于利益的理解其实是偏狭的。利益也有可能是一些精神上的存在，例如个人的道德观念，价值认可等，这些利益诉求有时可能比物质利益更为强烈。而王安石的改革，则恰恰在这两方面都触犯了政治上的保守派的利益。当时情况下，王安石只有两种选择能够确保他的改革成功。第一种是借助于神宗强大的政治权力将所有的反对派打倒，并且这种打倒应当是彻底的。第二种则是寻求与保守派之间达成一种能够持续的权力与利益的互动机制。即能够利用自身的有限权力推动有限利益的推进，又不过于触犯保守派的利益。然后在自身政治权力不断扩展的过程中再去推行渐进的政治改革。显然，以上的两种可能性都不会发生。第一种可能性是神宗不会答应的，第二种可能性是王安石不会选择的，王安石期望的是一种暴风骤雨式的改革。既然这两种可能性都不会存在，那么利益和权力的寻找机制必然会推翻王安石暴风骤雨式的改革，因为王安石的利益表达，缺乏足够的权力的持久支持。所以，变法的最终效果注定是无疾而终。而在此种变法过程中所可能发生的官员借机寻租，利用变法的混乱假公济私的行为则只能由普通的老百姓来承担。可以说，政治人物不切实际想法的后果，最终的承担者其实都是普通老百姓。

七　权—益型社会与全球政治改革

在权—益型社会中，基本的思路是，对于利益的存在，必须寻找相应的权力作为依据，否则利益的存在就不会长久。同样，如果没有利益的存在作为导向，权力也不会随之发展壮大。因而，对于权—益型社会而言，改革的理想当然重要，但更重要的是对权力的运作，如果权力的运作不能达到一种极佳的效果，并对对方的权力形成一种极为稳固的持久的制约，改革的结果就可能是令人失望的。

从权—益型社会的角度来看，今天的全球政治改革无外乎两条道路：一种是利益的均衡，二是权力的冲突。因为，全球政治改革虽然牵扯着诸多的利益，但是归根结底其实是两种利益的存在。即是既得利益集团与欲得利益组织。既得利益集团主要是指发达经济体，欲得利益集团主要是指新兴经济体。对于既得利益集团而言，改革其实是对他们利益的侵犯，并且也是对于他们权力的一种消融。对于欲得利益组织而言，改革是他们赢得利益的一种手段，也是他们获取自己权力的一种通道，如国际金融体制改革、国际贸易体制改革以及其他领域的改革。

对于欲得利益组织而言，利益的均衡是国际政治改革的最好出路。利益的均衡是指全球政治利益按照现有的发达经济体和新兴经济体的权力格局进行重新分配，实现全球权力与利益的匹配。权力的冲突则是指发达经济体拒绝按照现有的权力格局重新分配全球政治利益，并进而导致全球权力与利益不匹配，引发全球权力冲突的局面。对于发达经济体和新兴经济体而言，权力的冲突是双方都不愿意看到的，对新兴经济体则更为不利。新兴经济体经过近几十年的发展，各方面实力有较大提升，在全球权力格局中的比重不断提升，但是由于经济发展基础薄弱、军事实力较差等原因，使得新兴经济体在目前并不具备和发达经济体直接进行对抗的条件。新兴经济体贸然与发达经济体发生冲突可能会让新兴经济体近年取得的经济成果付诸东流。

所以，在此次全球政治改革中，新兴经济体应当采取更为智慧，更少引发冲突可能的方式去获取国际政治利益。可惜的是，"树欲静而风不止"，思维方式、文化习俗以及长期的认知使得大部分发达经济体并不愿意主动、自愿的让出全球政治利益，发达经济体一定会在可能的范围内阻止全球政治利益的大转移，甚至可能会采取战争的手段。因为，权力的变更和转移从来都没有一个客观的评价标准，发达经济体也不会自觉、自愿的承认全球权力格局发生变革的现实，权力和利益的路径依赖会让他们阻止变革的发生。除非新兴经济体的实力能够让发达经济体真切的认识到全球权力格局已经发生变革，如果阻止变革，他们将会蒙受更大的损失。这就对新兴经济体提出了更高的要求，他们必须有足够的政治经济实力和军事实力，才能让全球政治改革按照利益均衡的方向发展。

另外。国际政治改革既要着眼于大方向的改变，同时更要重视小方面的调整，只有小方面的调整积累成了对全球政治格局的显著改变，全球政治的改革才能在稳定的基础上做出实质的改变。而不应该只是一种名义的巨大变化，在实质上却丝毫未动，"不可慕虚名而处实祸也"。

八　小　　结

权—益型社会分析方法的核心，是从权力和利益这两个角度来观察社会，从权力和利益的角度剖析静态的社会、动态的社会以及社会的运行机制。简而言之，本文将纷繁复杂的社会进行了一个简单的归纳，试图从权力和利益这两个维度对社会作一个全面的考察和评估，并认为权力和利益主导了社会的发展，当然也主导了诸多重大政治事件的进程。在本文的最后两部分，分别结合中国传统社会与国际政治改革从国内和国际两个层面对权—益型社会分析方法和现实的结合进行了探讨，以说明未来改革的可能路径。本文认为，在可预见的未来，权—益型社会分析方法将能继续适用于国内和国际重大政治问题的讨论、实践以及预测。

后　记

写书不是一件轻松的事，即使写的不尽人意依然耗费了无数个安静的周末和夜晚。有了想法，便不想半途而废，几经波折，终于"煲"出了这本书。不到十年的时间，中国和世界的变化目不暇接，变化带来的影响冲击着社会和每个人的观念，或许我们应当静下心来，用黄仁宇先生"大历史"的理念思考长远的社会、经济结构的变迁，为毫不起眼的"我"在不确定的未来寻找到一个恒久的历史坐标。这种寻找可能是没有终点的，也许会一直"在路上"，但无论如何，我们应该和变革的时代共舞。

说完情怀，更要感谢在我求学和"寻找"道路上给我指引和帮助的老师们。首先要感谢的是我们"法公"的"大导师"强世功教授。强老师是北京大学法治研究中心的主任，他也是我们的精神导师，"你灵魂的欲望是你命运的先知"，强老师经常提及霍姆斯的这句话，而他也一直都在努力的引导我们走向政治、法律与人生的正确道路，他的言传身教让我们获益匪浅，也正是在跟随强老师读经典《利维坦》期间，形成了本书的思想基础。还要感谢我的导师邓峰教授，第一次读邓老师所撰写的《普通公司法》就有耳目一新的感觉，以至于我后来经常将这本书作为"手信"赠送朋友。工作之后每当读到邓老师发表的新文章，便能立即想到他治学的严谨和细致，邓老师的"大师之风"让我受益良多。在我的求学过程中，还有许多老师值得感谢和致敬，由于篇幅所限，这里就不再逐一致谢。

工作期间，要感谢单位领导以及各位同事，他们做人做事的方式及对金融稳定、金融监管、金融服务的观点和看法使我在工作之初就充满了正能量。

最后，感谢家人以及诸多朋友通过各种方式支持了本书的出版。还要感谢孔令钢编辑和世界图书出版广东有限公司武汉出版中心的各位工作人员，没有你们的热情、努力和付出，本书不可能顺利出版。当然，本书文责自负，所有论述仅代表作者个人观点，与供职单位无关。

2016 年 9 月 28 日于广州